Tirso de Molina

Los balcones de Madrid II

Barcelona **2024**
Linkgua-ediciones.com

Créditos

Título original: Los balcones de Madrid II.

© 2024, Red ediciones S.L.

e-mail: info@Linkgua-ediciones.com

Diseño de cubierta: Michel Mallard

ISBN tapa dura: 978-84-9953-850-1.
ISBN rústica: 978-84-9816-528-9.
ISBN ebook: 978-84-9953-783-2.

Cualquier forma de reproducción, distribución, comunicación pública o transformación de esta obra solo puede ser realizada con la autorización de sus titulares, salvo excepción prevista por la ley. Diríjase a CEDRO (Centro Español de Derechos Reprográficos, www.cedro.org) si necesita fotocopiar, escanear o hacer copias digitales de algún fragmento de esta obra.

Sumario

Créditos _____ 4

Brevísima presentación _____ 7
   La vida _____ 7

Personajes _____ 8

Jornada primera _____ 9

Jornada segunda _____ 45

Jornada tercera _____ 75

Libros a la carta _____ 119

Brevísima presentación

La vida
Tirso de Molina (Madrid, 1583-Almazán, Soria, 1648). España.
Se dice que era hijo bastardo del duque de Osuna, pero otros lo niegan. Se sabe poco de su vida hasta su ingreso como novicio en la Orden mercedaria, en 1600, y su profesión al año siguiente en Guadalajara. Parece que había escrito comedias y por entonces viajó por Galicia y Portugal. En 1614 sufrió su primer destierro de la corte por sus sátiras contra la nobleza. Dos años más tarde fue enviado a la Hispaniola (actual República Dominicana) y regresó en 1618. Su vocación artística y su actitud contraria a los cenáculos culteranos no facilitó sus relaciones con las autoridades. En 1625, el Concejo de Castilla lo amonestó por escribir comedias y le prohibió volver a hacerlo bajo amenaza de excomunión. Desde entonces solo escribió tres nuevas piezas y consagró el resto de su vida a las tareas de la orden.

Personajes

Don Alonso, viejo
Don Álvaro
Elisa, dama
Don Juan, caballero
Doña Ana, dama
Don Carlos, conde
Don Pedro, caballero
Leonor, criada
Coral, gracioso,
Convidados

Jornada primera

(Salen Elisa, con un papel en la mano, y Coral.)

Elisa
　　　　　　　¿Qué tantos extremos hizo
　　　　　　　don Juan con la suerte y letra?
　　　　　　　Coral, ¿qué tanto se holgó?

Coral
　　　　　　　Háse holgado de manera
　　　　　　　que es un holgazón de gustos,
　　　　　　　y si en Burgos estuviera,
　　　　　　　fundaran sus holgaduras
　　　　　　　diez conventos de Las Huelgas.
　　　　　　　De los versos que te escribe
　　　　　　　saca tú, cual de madeja,
　　　　　　　el hilo por el ovillo,
　　　　　　　el mesón por la tableta.
　　　　　　　Léele y verás que te paga
　　　　　　　en décimas o espinelas
　　　　　　　diezmo su amor sin ser cura,
　　　　　　　alcabala sin que venda...
　　　　　　　mas, quedo, que entran.

(Sale don Alonso.)

Alonso
　　　　　　　　Elisa,
　　　　　　　propicio el año comienza.
　　　　　　　Pues ha llegado a esta corte
　　　　　　　el que mis años aumenta.
　　　　　　　Ya habrá venido el criado
　　　　　　　pues no le encontré a la puerta.
　　　　　　　Mas, ¿qué buscáis aquí vos?

Coral (Aparte.)　　　(¡Concentainas y Palencias!)

Alonso   Hablad. ¿Qué buscáis? ¿Quién sois?

Coral (Aparte.)   (San Tiento asista en mi lengua.)
                             Soy, señor, cierta persona...

(Aparte.)   (Persona, sí, mas no cierta
                             porque nunca estoy en casa...
                             ni persona, porque de éstas
                             hay mucha falta en el mundo.)
                             Destilo quintas esencias,
                             limpio dientes, curo callos,
                             hago moños, saco muelas.
                             Llamóme desde el balcón
                             una titular doncella...
                             que afirman las hay de anillo...
                             ¿Qué se le da de que mientan?

(Quiere irse.)

Alonso   ¿Qué es esto? Esperad, oíd.

Coral   Oidor es gran preeminencia;
                             mas yo jamás he hojeado
                             Parladorios ni Pandectas
                             aunque hay letrados melones
                             que escritos en las cortezas
                             de vírgenes librerías,
                             si los calan, son badeas.

Alonso (Aparte.)   (Este hombre es falto.)
                             Esperad.

Coral   Quien espera desespera,
                             y esperar sin esperanza

	es propio de la ley vieja.
Alonso	¿Hay humor más peregrino? ¿Qué buscáis?
Coral	¿Yo? La escalera, que se me vuelve invisible y debe de ser parienta de la de los ahorcados, para la subida, cierta, pero para la bajada, franca tan solo al gurrea.
Alonso (Aparte.)	(El criado que envió don Pedro a que me dijera que estaba ya en esta corte es, sin duda.) No os dé pena que os halle yo ahora en casa, cuando ha de ser dueño de ella el señor a quien servís.
Coral	¿Mi señor?
Alonso	A su firmeza está mi Elisa obligada como yo a sus muchas prendas. Ha venido a estancia mía para que a su sombra tenga nuevo valor nuestra casa. Reconocíle aquí cerca, dile con la bienvenida los brazos, y luego quejas por dilatarnos los gozos que medramos con sus nuevas.

                    Excusóse con decirme:
                    «Un criado mío os queda
                    aguardando en vuestra casa;
                    que por no darla molestia,
                    sin prevención y de noche
                    quise, a pesar de la priesa
                    de mi amor, hasta mañana
                    añadirme un día de ausencia.»
                    Ya yo estuve con vuestro amo
                    y le di la enhorabuena,
                    viniendo pues de su parte
                    cuando albricias os esperan.
                    ¿Qué temor os acobarda?

Coral (Aparte.)   (Trocáronse las maletas
                    pues por otro me aplaudizan.
                    Transfórmome en el que piensan.)
                    Temí la venustidad
                    de esas canas circunspectas;
                    pero, pues hallan mis dichas
                    en su invierno primaveras,
                    besándote los coturnos
                    después de implorar tu venia
                    y darte críticas gracias,
                    iré a pesarme de cera,
                    puesto que ya mis calzones,
                    según mi olfato, le pesan.

(Vase.)

Alonso   En tu silencio he notado,
                    Elisa, y en la tibieza
                    de tus ojos, cuán sin gusto
                    has recibido estas nuevas.

Pues, Elisa, ya mis años
necesitan de quien tenga
cuidado de ti y mi casa,
quien me alivie y te merezca.
Don Pedro es un mozo ilustre,
agradable su presencia;
conózcole y le conoces,
y tiene seis mil de renta.
Yo le tengo voluntad,
con que, quieras o no quieras,
te tiene de ver mañana,
y esotro han de quedar hechas,
sin falta, las escrituras,
o salir la noche mesma
en un coche de Madrid
para un convento de Lerma.

(Vase.)

Elisa Todo mal no prevenido
es precursor del desmayo.
Mata repentino el rayo,
y si no, quita el sentido.
Instantáneo rayo ha sido,
don Juan, mi padre cruel;
mas privilégiame de él
mi firmeza inexpugnable;
que aunque a todos formidable,
no hiere el rayo al laurel.
  Cuando de mi amor discuerde
y me amenazan congojas,
no porque tiemblan las hojas
el laurel su verdor pierde.
Siempre firme, siempre verde

        sus rigores me verán
        y, si en perseguirme dan,
        morir es total remedio;
        que mi amor no admite medio
        entre la muerte y don Juan.

(Vase [Elisa]. Salen el conde don Carlos y don Juan.)

Carlos   No vi noche más clara y agradable.
               El diciembre se ha vuelto en mayo afable.

Juan   ¡Ay, Conde y señor mío!
               Si Amor rapaz es todo desvarío,
               y como niño estima
               juguetes con que más su fuego anima,
               un favor, un juguete,
               venturas esta noche me promete
               que alegren mi tristeza
               si del modo que acaba el año, empieza.

Carlos   Dejad estilos graves,
               pues los de la amistad son más suaves;
               que siendo vos mi amigo,
               éste es, solo, el blasón a que os obligo.
               Aunque tan recatado
               anda de mi amistad vuestro cuidado,
               y en él tan poco os debo
               que llamaros amigo no me atrevo.

Juan   Creed que si fiárosle rehuso,
               no es por dudar de vos; mas porque el uso,
               que yo frecuento poco,
               no ha de juzgarme amante pero loco.
               Oíd filosofías

	de un peregrino amor que ha muchos días que siéndole obediente en mí es naturaleza, no accidente; pero con presupuesto que no ha de seros, Conde, manifiesto el nombre de la dama; que me ha juramentado, y de mi llama tanto el secreto estima, que hasta en los ojos su secreto intima.
Carlos	Decid, que os yo prometo que por mí no peligre este secreto.
Juan	Yo, con Carlos, adoro la perla más que al nácar, más que al oro; el diamante que engasta la forma, más que a su materia basta. Quiero decir con esto que adoro a un alma con amor honesto, tan libre de apetito, que aun el pensarlo juzgo por delito.
Carlos	Las gracias de un valiente entendimiento enamoran tal vez al pensamiento; mas si él solo os recrea, la dama que encubrís será tan fea que el apetito os tasa y amando al dueño perdonáis la casa. ¿De qué sirven los ojos si estímulo no son de sus despojos? ¿Tenéisla por hermosa?
Juan	Sol de los cielos es, del mayo rosa, y con ser como os pinto,

                    mi amor del ordinario es tan distinto
                    que puesto que mi vista
                    se deleite de paso y no la asista,
                    sin detenerse en sus despojos bellos,
                    viriles son los ojos y por ellos
                    adoro al huésped; que en tan noble casa
                    mi voluntad honestamente abrasa.

Carlos   Bien dicen que es locura
                    amor; que en cada cual mostrar procura
                    el modo en que se extrema.
                    Mas, don Juan, cada loco con su tema.
                    Que yo no me acomodo
                    a amar la parte a solas sin a todo;
                    mas ¿vivís satisfecho
                    que os corresponde con lealtad su pecho?

Juan   Estoy cierto que vivo
                    sin competencia en él, y que recibo
                    favores, bien que honestos,
                    al yugo alegre del Amor dispuestos.
                    Y porque no os dé enfado
                    el presumirme necio confiado,
                    advertid que no ha un hora
                    que echando suertes, fue mi protectora
                    Fortuna de manera
                    que me cupo mi dama, y que me espera
                    por esto tan gustosa
                    que el parabién se ha dado de mi esposa.
                    Oíd el epigrama
                    con que la suerte a su favor me llama:

(Saca un papel don Juan y léele.)

        «Tendrásle de celos loco;
        mas vencerá tu firmeza,
        que en premio de tal belleza
        nunca mucho costó poco.»

        ¡Este me ensoberbece! ¡Esto me escribe!

Carlos   ¡Qué de engaños, don Juan, os apercibe
        la propia confianza!
        El mar y la mujer, todo es mudanza.
        Ese favor, testigo
        del gozo con que os veo, esa fineza
        sorteada por vos fue sutileza
        de un ingenio doblado que conmigo
        como con vos procura,
        siendo arte, persuadirnos que es ventura.
        Antes que yo os hallara,
        vino su confidente en busca mía,
        y antes que pronunciara
        las nuevas que entre engaños me traía,
        disfrazando intereses en caricias,
        me condenan en costas sus albricias.
        Oíd la letra agora
        común de dos, de quien os enamora:

(El conde Carlos refiere de memoria la misma letra que leyó don Juan.)

        «Tendrásle de celos loco,
        mas vencerá tu firmeza,
        que en premio de tal belleza
        nunca mucho costó poco.»

Juan   Pues, ésa, ¿no es la misma que yo os dije
        que acaba de enviarme?

Carlos Ésta os dirige
y ésta me remitió, porque hay ya versos
que sirven a propósitos diversos.

Juan A tanta costa mía
venció vuestra probanza mi porfía.
¡Que si mi muerte instantes se dilata
ni el basilisco mata,
ni el rayo es homicida,
ni el áspid salteador de nuestra vida!

(Vase don Juan.)

Carlos Envidia tengo a este hombre.
Curioso, deseo ver esta hermosura,
esta exageración, esta pintura,
esta mujer sin nombre
que finjo que me quiere y que la adoro.
La letra y suerte repetí de coro
que le usurpó mi envidia de los labios
celosos sin noticia mis agravios
registraré advertido
sus pasos, sus acciones, su sentido,
hasta saber si son ponderaciones
o verdades en ella perfecciones.

(Salen Elisa y Leonor, en el balcón.)

Elisa Mira si pasa don Juan.

Leonor ¿Querrásle arrojar las suertes
de los santos y la dama?

Elisa	¿Para qué, si ya las tiene? ¡Ay, Leonor! Las que mi padre violenta mi amor remedie; pues si don Juan las ignora, creerá, cuando no aproveche, que le agravian mis mudanzas y es mi padre quien le ofende.
Leonor	Pared en medio a tu prima tenemos. Si nos oyese desde ese balcón vecino, lo que sospechó aparente la abrasará certidumbre.
Elisa	Escribíle que viniese a remediar con industrias peligros. Poco le deben mis finezas.
Leonor	No lo sabe, ni hay sosiego que desvelen seguridades de amor, cuando ignora inconvenientes. A tener competidor tu don Juan...
Elisa	¿Pues no le tiene?
Leonor	Y tú un padre que no sufre inobediencias rebeldes.

(Sale doña Ana al otro balcón.)

Ana (Aparte.)   (¡Miren si salió adivina

                    mi sospecha! Ni la ofenden
                    inclemencias de la noche,
                    ni testigos que revelen
                    desaires patrocinados
                    de un balcón su confidente.
                    Quiero escuchar a mi prima;
                    que ya los celos me ofenden.)

Leonor   En la conseja está el lobo.
                    Doña Ana ha salido. Vete.
                    No ocasiones pesadumbres.

Elisa   Como tú a don Juan esperes,
                    y le digas lo que pasa,
                    lo cuidadoso que excede
                    a cuantos has aquí amaron.

(Vase Elisa.)

Leonor   Harélo; mas si me tiene
                    el Amor por doble espía
                    y doña Ana por su agente,
                    ¿quién me obliga a defraudarla
                    sazones que el gusto teje?
                    Éste es don Juan; yo neutral,
                    los dejo. Viva quien vence.

(Vase Leonor. Salen don Juan y Coral.)

Coral   Todo lo que te he contado
                    con su padre me pasó.

Juan   En fin, ¿don Pedro llegó?

Coral	Y dicen que está hospedado
en esa casa que ves.
Y conoces, pues su dueño
tanto te ama.
Juan	Si no es sueño,
yo estoy loco.
Coral	El interés
del esposo de futuro
al viejo está dando prisa.
Juan	¿Y estaba delante Elisa?
Coral	Tan bañado el candor puro
del crítico rosicler
que estas nuevas la feriaron;
que aun no se disimularon
viéndome allí.
Juan	¡Al fin mujer!
¡Ah, cielos!
Coral	Ya habrá su olvido
clamoreado por ti.
Mas doña Ana vive aquí.
Vuelve a casa, pan perdido.
Ama a quien te corresponde;
que Elisa en sustancia y modos
es libro de Para todos,
de ti, don Pedro y del conde.

(Salen Elisa y Leonor al balcón.)

Elisa	Yo le he sentido en la calle. Mi padre duerme seguro. Si remedios no apresuro perderéle.
Leonor	Llega a hablalle y date prisa.
Elisa	¿Ay, Leonor! Por doña Ana no me atrevo.
Ana (Aparte.)	(Aquí es don Juan. No es nuevo, puesto que lo sea el Amor que en mi ingrata prima muda, hallarle aquí la mañana todos los días.)
Elisa	Doña Ana, hasta aquí celosa en duda, si hablando con él agora me viese, confirmará malicias.
Leonor	Mejor será que te retires, señora; pues si tu padre despierta y nos coge en el balcón, ya sabes su condición.
Elisa	¡Ay, desdichas, que voy muerta! Darásle mañana aviso del mal que, pared en medio, si Amor no busca remedio nos asaltó de improviso.

Leonor   Harélo.

Elisa   ¡Qué eterno plazo
       para quien muere de prisa!

(Retíranse del balcón Elisa y Leonor.)

Juan   ¿Entróse?

Coral   Entróse la Elisa
       y pegónos ventanazo.

Juan   Pero yo en su busca...

Coral   ¿Estás loco?

([Don Juan] quiere entrar en la casa y detiénele Coral.)

Juan   He de saber si se dan
      premios...

Ana   ¡Ah, señor don Juan!
      Puesto que me debáis poco,
       por el huésped que aposenta
      mi casa, y de vuestro amor
      es dichoso usurpador,
      que esperanzas os violenta;
       por lo bien que os he querido;
      por lo mal que habéis pagado
      finezas de mi cuidado,
      retornos de vuestro olvido;
       si los desengaños curan
      quisiera en vuestros desvelos

                    ser médico.

([Coral] habla aparte a su amo.)

Coral   Dala celos
            a Elisa; que estos apuran
                mudanzas convalecientes.
            Finge que a doña Ana adoras
            que industrias competidoras
            son torcedores valientes.
                Pene, rabie, muerda el ajo.

Ana   ¿Tan enajenado estáis,
            señor don Juan, que faltáis,
            hasta en esto os aventajo,
                a obligaciones corteses
            pues aun no me respondéis?

Juan   En parte acertado habéis
            pero no es los intereses
                que a este sitio me han traído
            si vuestro enojo imagina
            que son por vuestra vecina;
            porque, en fe de haber perdido
                por culpa mía el favor
            que le debí a vuestro agrado,
            al paso que escarmentado
            vuelve corrido mi amor.
                Ni tiene lengua mi culpa
            ni es justo que la pretenda,
            si asegura más la enmienda
            quien callando se disculpa.
                Amor que ignora el desdén
            ciego y niño, como tal

        muchas veces se halla mal
en donde le tratan bien.

Ana
        Niño que da pesadumbres
y regalado se va,
¿quién nos le asegurará
vuelto con malas costumbres?
        Mucho hay en él que temer;
que es compasión peligrosa
el veros, aunque piadosa,
amarme a más no poder.
        Pero en fin, culpas primeras
en rapaces, dignas son
por esta vez, de perdón.
Volviendo pues a las veras,
        ya sabréis que es huésped mío
don Pedro, el que ha de ser dueño
de mi prima. Éste es empeño
de don Alonso mi tío,
        y gusto también de Elisa,
que, aficionada por fama,
de Talavera le llama
y por escrito le avisa
        lo que con ella han podido
noticias que de él la dan.
Prométoos, señor don Juan,
que vuestro agravio he reñido.
        Resuelta, en fin, me responde
que a su padre agradar trata.

Juan

¡Es tan mudable esa ingrata!
¡Con don Pedro, con el conde!

(Hace que se va.)   ¡Conmigo, con vos! ¡Ah, cielos!
¡Ah, agravios! ¿Cómo no entráis?

	¿Cómo...?
Ana	Don Juan, ¿dónde vais? ¡Vos en mi presencia celos! ¿Y os blasonáis de enmendado?

([Coral] habla aparte a su amo.)

Coral	Di nones a la garrucha. ¡Cuerpo de Dios! Que te escucha doña Belerma y la has dado cuerda con tu sentimiento. Pide a doña Ana perdón; más cebolla al salpicón, más vinagre, más pimiento.
Ana	¡Poco mi presencia os debe! No, don Juan, andad con Dios.

(Hace que se va.)

Juan	¡Señora, señora! A vos que sois mi dueño, se atreve esta calentura loca. Que, porque agravios olvide en fe que ya se despide, salió su fuego a la boca.
Coral	Ya está para vos barrida, desembarazada ya. La lengua dijo: «¡Agua va!». Jugó a salga la parida.
Juan	¡Quedo, necio! Mejoró

                        mi amor en vos de deseos.

(Salen Elisa, al balcón, y después Leonor.)

Elisa   Don Juan, don Juan, recogeos.
                        Ea, que os lo mando yo.

(Vase.)

Coral (Aparte.)   (¡Oigan allí qué «Yo el Rey»!)
                        No te des por entendido.
                        Prosigue.

Juan   Ya he conocido
                        la fe, la lealtad, la ley
                            que en vos perdí por ser loco.
                        Fénix sois única y rara.
                        El bien que no se compara
                        con otro se tiene en poco.
                            Si la fe que manifiesto
                        vuestro enojos no ablanda.

(Vuelve a salir Elisa.)

Elisa   Don Juan, ¿sabéis quién os manda
                        que despejéis ese puesto?

(Asomándose [Leonor].)

Leonor   Que estás en riego notable
                        y es todo oídos mi señor.

Elisa   ¿Qué riesgo? ¿Qué mal mayor?

Leonor   Ven.

Elisa   ¡Para ésta, don mudable!

(Vanse del balcón Elisa y Leonor.)

Juan   ¿Fuéronse?

Coral   Dadas a perros.

Juan   Adiós, doña Ana.

Ana   Esperad.

Juan   Celos son temeridad,
              que abrasada, hace estos yerros.
                Yo no os quiero, yo no os amo.
              Yo, doña Ana, adoro a Elisa.

(Vase.)

Ana   ¡Coral, Coral!

Coral   Voy de prisa.

Ana   ¿No le llamas?

Coral   No le llamo.

Ana   ¡Ah, cielos! ¡Ah, industrias vanas!
              ¡Ah, Amor! ¡Locura y no Dios!

(Vase.)

Coral	Echaos del balcón las dos.
	Irán rocín y manzanas.

(Vase. Salen Elisa y Leonor a la puerta de su casa.)

Elisa	Déjame, Leonor, que aquí
	no hay riesgo cuando nos halle.

Leonor	¿No? ¿En el zaguán de la calle?

Elisa	¡Ay, estoy fuera de mí!
	Mira si habla todavía
	don Juan con esa mujer.

Leonor	Vuélvete tú a recoger
	y corra por cuenta mía
	el reducirle a tu amor.

Elisa	Si tú salieses con eso...

Leonor	Celos le alteran el seso.
	Halla casi poseedor
	    de tu belleza y tu casa
	a un hombre recién venido.
	Piensa que tú le has traído.
	¿Qué mucho, pues, si se abrasa?
	    Desengañaréle yo.

Elisa	Sospecho que se fue.

Leonor	¿Qué importa? Su casa sé.
	Ya el alba se esperezó;
	    presto asomará despierto.
	Con ella amanecerá

	tu esperanza. Vete ya,
	y confíame esta puerta.
Elisa	Leonor, si me le reduces,
	redimiste mis desvelos.
Leonor	Los crepúsculos y celos
	andan siempre entre dos luces.
	Saldrá el Sol que los alumbre
	si es Sol bello el desengaño.
Elisa	Voyme pues.
(Vase.)	
Leonor	¡Año, buen año!
	Enredar es mi costumbre.
	Con el año que hoy comienza
	embustes he de empezar.
	¿Qué no sepa desatar
	la más hembra sutileza?

(Salen don Juan y Coral.)

Coral	Pues, ¿a qué diablos volvemos
	a andar otra vez la noria?
	¿Hoy dormimos de memoria?
Juan	Más impacientes extremos
	me sacan fuera de mí.
	Aquí se encendió mi fuego,
	aquí perdí mi sosiego,
	y vuelvo a buscarle aquí.

Leonor	Señor don Juan, dos razones
por despedida, no más.
Juan	¡Oh mi Leonor! Si tú estás
de por medio, mis pasiones
ya se me vuelven en gozos.
Leonor	Mensajero soy, no tengo
la culpa. De parte vengo
de mi señora. Los mozos,
como vuesasted, mudables,
con brevedad se consuelan
de agravios que los desvelan,
pues no hay celos incurables.
Dícele pues mi señora
que en fe de que no merece
a vuesasted, y obedece
a su padre, que está agora
resuelto en darnos marido,
y esta mañana han de ser
las vistas, pretende ver
finezas de bien nacido
en vuesamested, echando
tierra a pasados favores;
pues, no siendo más que flores,
ellas se irán marchitando;
que le asegura que está
notablemente prendada
de la presencia aliñada
de quien la mano le da.
Ella, en fin, dice que es justo
ser a su viejo obediente
y más, viendo que al presente
preceptos añade al gusto;

　　　　　　　　que le suplica y conjura
　　　　　　　　con todo encarecimiento
　　　　　　　　no desazone el contento
　　　　　　　　que la ofrece esta ventura;
　　　　　　　　　que doña Ana tiene acción
　　　　　　　　a su antigua voluntad,
　　　　　　　　hechizos en su beldad,
　　　　　　　　picante en su discreción;
　　　　　　　　　que no la haga mal casada,
　　　　　　　　y que desde hoy más, adiós,
　　　　　　　　don Juan, porque para vos
　　　　　　　　ésta es la puerta cerrada.

(Vase y cierra.)

Coral　　　　　　　Dice y hace. Echó la aldaba.

Juan　　　　　　　Este desengaño ha sido
　　　　　　　　Santelmo de mi sentido.
　　　　　　　　¡Qué derrotado que andaba!
　　　　　　　　　¡Plegue a Dios, si más pisare
　　　　　　　　estas piedras, si pusiere
　　　　　　　　aquí los pies, si la viere,
　　　　　　　　si más de ella me acordare,
　　　　　　　　　que un rayo...! Ya tengo vida.
　　　　　　　　Celos son mal cirujano
　　　　　　　　porque curan sobre sano
　　　　　　　　y respiran por la herida.

(Vanse [Coral y don Juan. Salen Elisa y Leonor] abriendo la puerta de la calle.)

Leonor　　　　　　¿No nos oíste?

Elisa　　　　　　　No pude

porque estaba algo distante.

Leonor Pues, señora, nuestro amante
a obligaciones acude;
 que por primeras estima.
No hay poderle convertir.
Agora le vi salir
de visitar a tu prima.
 Persuadíle; pero en vano
a tus finezas le obligo,
porque dice que es amigo
de don Pedro y que la mano
 delante de él ofreció
a doña Ana; que obedezcas
a tu padre y apetezcas
dueño que el cielo te dio;
 que fue una efímera loca
su amor y, sin aguardarme,
me dejó, por no escucharme,
con la palabra en la boca.

(Salen don Juan y Coral, muy alborotados.)

Coral ¿Otra visita a este sitio?

Juan Morir quiero por matar.
Hoy veremos si a firmezas
es razón...

Coral ¿Adónde vas?

Juan ¿No te digo que a morir
por dar muerte?

Coral	No has de entrar.
Juan	¿Tú me impides? ¡Vive el cielo...!
Coral	Vivió, vive y vivirá.
Juan	¿Quieres que la daga saque?
Coral	Llamaránte irregular.
Juan	Apártate, no ocasiones...
Coral	Tú las ocasiones das.

(A Elisa.)

Juan	Bésoos, señora, la mano.
Elisa	¡Jesús, señor! ¿Aquí estáis? Suspensiones cuidadosas, hijas de una novedad, me excusan no haberos visto.
Juan	Como es dueño principal de los sentidos el alma, y en ella aposesionáis al dichoso que os merece, ¿quién duda que os llevará para darle la obediencia la vista que me negáis? Yo, también, interesado en vuestra felicidad por vecino y por pariente... Si este título extrañáis,

| | por doña Ana vendré a serlo
en grado de afinidad.
Vengo todo parabienes
de esperanzas que veáis
brevemente posesiones
y éstas duren siempre en paz
siglos que juzguéis instantes. |
|---|---|
| Elisa | En ellos, señor don Juan,
eternicéis con mi prima
tan cuerda conformidad;
que yo, mil veces dichosa,
con el deudo que me dais
el parabién os retorno. |
| Coral (Aparte.) | (¡Con salsa de para mal!) |
| Juan | Vengo a veros demás de esto
porque os quisiera excusar
lástimas impertinentes
que es fuerza que me tengáis.
¿Juzgaréis que permanezcan
cenizas, para señal
de incendios que recién muertos
palpitando agora están?
Pues no, Elisa, no por esto
las sazones impidáis
que os ofrece Talavera;
que no lo son con azar.
Mi libertad despedida,
ya de veras libertad,
para volverse a su centro
me anduvo anoche a buscar.
Encontróla vuestra prima |

| | y, como la voluntad
de criados que son fieles
suele reliquias dejar
de afición en sus señores,
fue fácil en su piedad
que olvidando sentimientos
se volviese a acomodar.
No ha mejorado de dueño;
pero tan contenta está
que si os faltasen los gustos,
os los pudiera feriar. |

Elisa

Tenéis vos tan movediza
el alma que vida os da
que en dos días se envejece
violentada en un lugar.
Quien dueños a meses muda,
por más que sirva, no hará
palacios con azulejos.

Coral (Aparte.)   (Acoto con el refrán.)

Elisa

No os tengo lástima a vos,
pues siendo la liviandad
tan propia cosecha vuestra
seguís vuestro natural.
A doña Ana, sí, y no poca,
que podrá con vos juntar
al pésame de perderos
los plácemes que la dan
segunda vez de adquiriros;
porque en vos tan cerca está
en materia de firmezas
el salir como el entrar.

Juan	¿Quisiéredes vos agora, contra la serenidad y quietud de mis afectos que vos infiernos juzgáis, que ofendida mi paciencia soltara todo el raudal de amenazas y locuras que acostumbran fulminar los agravios y los celos que me empiezan a matar? Pues, creedme, a fe de libre, que a poder vos registrar lo que pasa acá en mi pecho donde ni estaréis ni estáis, os partiéredes corrida porque no se juzga ya si a amantes no desespera por valiente una beldad.
Elisa	Por vida vuestra que os creo; aunque el ver cuál madrugáis a alegar satisfacciones me ha dado qué sospechar. ¿Qué sería, si así fuese? Que ya yo vi rotular libros en el pergamino que siendo de humanidad pasan plaza de devotos profanando su disfraz.
Juan	Pues hagamos una cosa vos y yo, porque creáis cuan preservado me tienen

escarmientos de ese mal.
Yo quedaré por perjuro
sin palabra, sin verdad
sin estima, sin nobleza
como vos lo propio hagáis.
¿Qué respondéis?

Elisa
Que seré
en eso tan puntual
como en pediros agora
que me dejéis y que os vais.
Y para que echéis de ver
con cuanta conformidad
estamos los dos en eso,
añado una cosa más
que os desengañe del todo.

Juan
¿Y es la cosa?

Elisa
Que os sirváis
de que yo madrina sea
de doña Ana.

Juan
Será igual,
Elisa, mi desempeño,
si me permitís honrar
siendo yo vuestro padrino.

Elisa
¡Jesús! Con esto estarán
cabales todas mis dichas.

Coral (Aparte.)
(¡Fuego de Dios cuál se están
abrasando unos con otros!
¿Mas, que para en tempestad?)

Juan	En fin, ¿estamos conformes los dos en esto?
Elisa	¡Y qué tal!
Juan	Quien primero se acordare del otro...
Elisa	...merecerá descréditos de perjuro.
Juan	Mucho haréis si lo juráis.
Elisa	¿Yo? ¡Por vida de don Pedro! ¿Pretenderéis vos vengar jurando la de mi prima? ¿Que todo vuestro caudal se ha cifrado en ese juro?
Juan	Eso os debe de abrasar; mas la vida de don Pedro no es cosa en que mucho os va.
Elisa	¿No? ¿Habiendo de ser mi esposo?
Juan	Hasta agora libre estáis. Yo sé que vuestra alma esconde otro que os importa más. Jurad por él y os creeré.
Elisa	¿Y es?
Juan	Por vida de don Juan.

Elisa	¡Jesús! ¡Qué gran desatino! No me acordaba de él ya. ¿Vos no veis si por él juro, que habiéndole de nombrar pierdo con vos el apuesta? Dios le perdone.
Juan	Jurad por vida de todo aquello que más queréis y estimáis.
Elisa	Don Pedro viene a ser ése.
Juan	Si es don Pedro, ¿qué se os da?
Elisa	¿Para qué he de repetirlo?
Juan	¡Qué engañosa que rehusáis! Jurad por vida de Carlos.
Elisa	¿Qué Carlos? ¿El de Roldán, o el español Carlos Quinto?
Juan	Negad, Elisa, negad un conde que en vuestras suertes sirvió de encuentro y azar para encumbrarse en mis dichas hallándose tan capaz en vos el alma que a un tiempo tres en ella aposentáis: a don Pedro, a mí, y al conde y entre ellos mi libertad más que todos infelice,

	porque os supo querer más.
Elisa	¿Qué Carlos? ¿Qué conde es éste? ¿Qué azares? ¿Qué encuentro? ¿Estáis, don Juan, en vuestro juicio? Descaminos enfrenad o ¡vive el cielo...!
Juan	Sentís aprietos de la verdad; que en fe, mudable, de serlo se tienen de rubricar con mi sangre.
Elisa	¿A la daguita la mano? ¡Oh, qué singular paso para una comedia de las de veinte años ha!
Leonor	Tu padre, prima y don Pedro entran a verte.
Elisa	Don Juan, yo te quiero, yo te estimo, yo te adoro. Cesan ya burlas que abrasan de veras. Paren enojos en paz. Éntrate en ese aposento y en él oculto, serás testigo de las finezas de un amor por ti inmortal. Escóndete hasta su tiempo.
Juan	Un siglo un hora será.

	¿Si te casas? ¿Si me olvidas?
Elisa	Por la hermosa claridad
del Sol, padre de las gentes,
por la vida que me das
viéndote amante y con celos,
y por ti, que es mucho más.
¡O morir o ser tu esposa!
Leonor	¡Que entran, señores!
Elisa	Don Juan,
si doña Ana te me usurpa,
¿qué he de hacer?
Juan	¿Cómo podrá
contra el Sol la oscura noche
resplandores alegar?
Elisa	¿Entras?
Juan	Entro con la fe
de tu palabra.

(Vanse.)

| Coral | ¿No habrá,
Leonor, para mí un candil?
Que a escuras he de maullar
como gato entre dos puertas. |
|---|---|
| Leonor | No hay gota en él. |
| Coral | Pues serás |

                    virgen loca si no hay gota.

Leonor   ¿Y tú?

Coral   ¿Yo? Gotacoral.

                    Fin de la primera jornada

Jornada segunda

(Salen el conde Carlos y Leonor.)

Carlos   Tengo un poco que deciros.

Leonor   ¿Vos a mí? Viniera bien,
                  si yo fuera Inés, aquello
                  de «un poco te quiero, Inés».

Carlos   Decís verdad; mas no sufre
                  la prisa con que me veis
                  el remate de la copla,
                  «yo te lo diré después»
                  porque si esta ocasión pierdo,
                  la esperanza perderé
                  que en vuestro favor estriba.

Leonor   Terrible tiempo escogéis,
                  mi señor. Es esa sala,
                  que divide esta pared,
                  con su hija y con don Pedro,
                  hoy su yerno, ausente ayer,
                  conciertan las escrituras.
                  Y están presentes con él
                  su sobrina, y de ambas partes
                  deudos que han venido a ser
                  testigos de nuestras bodas.
                  Pues la hora... ya lo veis.
                  Las doce el reloj ha dado
                  y vinieron a las diez.

(Échale el conde Carlos en la manga un bolsillo.)

	¡Ay! ¿Qué es esto que en la manga suena?
Carlos	No os alborotéis
que aunque pesan, no son cantos
que os descalabren.
Leonor	¿Pues, qué?
Carlos	Unos pocos de doblones
para que facilitéis
deseos; que cumple a damas
la calle del interés.
Leonor	¿En el siglo de vellón
doblones? Vos entraréis
mejor, si ansí granizáis,
que el planeta genovés.
Baldada me habéis cogido
del manjar que siempre fue,
cuando se hace el Amor hombre,
codillo de la mujer.
Parecéisme un pino de oro
pues fruto de oro ofrecéis,
y ellos, en fe de difuntos,
cada cual será un ciprés.
¿Amáis a Elisa o a doña Ana?
Carlos	Antes que noticia os dé
de mi amor, que en vos consiste,
deciros quién soy es bien.
¿Conocéis al Conde Carlos?
Leonor	Conde Claros sois? ¿Tendréis

                como las obras el nombre
                porque no puede ofrecer
                doblones, estrellas de oro,
                sino un cielo cuando esté
                claro como un Conde Claros.
                Ya yo he oído encarecer
                a un don Carlos, señoría
                nuestro vecino, de quien
                dicen que si el nombre es César,
                que en el obligar es rey.

Carlos   Yo sacaré verdadera
                con vos esa fama. Haced
                mis partes, y si se logran,
                Leonor mía, no cuidéis
                de vuestro dote y ventura.

Leonor   Bésoos la[s] mano[s] y pie[s],
                que atada de ellas y de ellos
                vuestra esclava soy.

Carlos   Oíd, pues.
                Exageróme un amigo
                que tengo y vos conocéis
                con tanto extremo esta noche
                la dama a quien quiere bien.
                Tanto encareció sus partes,
                tan suspenso le escuché,
                tan ponderativo anduvo,
                tan curioso yo con él
                que ausentándose de mí
                sin dármela a conocer,
                en su retrato mi envidia
                pienso que puso el pincel.

Como de la novedad
hija la admiración es,
y ésta madre del deseo,
¡juzgad de tanta preñez
cual saldría el apetito!
Porque en mí fue tan cruel
que obediente a sus impulsos
su amistad atropellé.
Hice seguirle a un criado.
Fue diligente tras él.
Vióle en casa de doña Ana.
Que la amaba sospeché.
Digna fuera su hermosura
de abrasarme, a no saber
que don Juan adora a Elisa;
porque saliendo después
de con doña Ana, turbado,
en la calle le escuché
fulminar con quien le sirve
las locuras que un desdén,
un olvido, una mudanza,
suele arrojar de tropel.
Impedíale el criado
la entrada, por conocer
el riesgo de sus arrojos;
pero tan en vano fue
que a pesar de sus avisos,
yo mismo le vi poner,
ciego, la mano en la daga
y en sus umbrales los pies.
Entró, en fin, habrá dos horas
mas no salió. Vos sabréis,
como confidente suya,
Leonor, lo que se hizo de él;

que yo, con celos primero
que amante, un rato dudé
a las puertas de la calle
entre celoso y cortés
si entraría o no entraría
hasta que por no ofender
la quietud de quien adoro
mis deseos retiré.
De su padre y de don Pedro,
don Álvaro y don Miguel,
doña Ana y otros amigos,
entre todos cinco o seis
que son los que están agora,
conforme dicho me habéis,
haciendo las escrituras
y dándola el parabién.
Disimuléme criado
con los demás y llegué
a la presencia de Elisa,
mereciendo en ella ver
tanto cielo, gracia tanta
que en don Juan quedó esta vez,
aunque dijo cuanto supo,
avaro en encarecer.
Yo la adoro, Leonor mía,
yo estoy loco. Podrá ser
que cuanto más imposible
mis esperanzas la ven,
me parezca más hermosa.
Sin ella, no lo dudéis,
es la vida en mí tan ardua
como, cortado, al clavel.
Vos sola sois mi remedio,
vos tenéis sola poder

| | para conservar mis años
en el mayo en que los veis.
¿No es mejor para condesa
la hermosa Elisa? ¿No es
mejor para señoría,
Leonor, que para merced?
Pues con una acción no más
que esta noche ejecutéis,
ella os deberá mi estado,
yo la vida os deberé. |
|---|---|
| Leonor | Conde, decid, que doblones
en mangas deben de ser,
granos, por San Juan, de helecho,
pues desde que los toqué
os quiero más que a mi vida. |
| Carlos | Quinientos de ellos tendréis,
para casaros, seguros.
Oídme y proseguiré.
Don Pedro, Elisa, su padre
y los demás que sabéis,
con las dichas escrituras
quieren mi sepulcro hacer.
En el semblante de Elisa,
que siempre del alma fue
intérprete fidedigno,
el pesar eché de ver
con que estas bodas permite.
No sin causa malicié
que don Juan es el motivo
de que no las lleve bien.
Si vos, antes que se firme
el riguroso papel, |

                alegando nulidades,
                por mi esperanza volvéis
                diciendo fuisteis testigo
                de que su palabra y fe
                me dio con la mano hermosa
                y que no consentiréis,
                que por temor de su padre,
                quebrando al cielo la ley
                que en estos casos dispuso,
                vos por ella os condenéis,
                sus intentos estorbáis,
                yo, en fin, resucitaré.
                Vos tendréis en mí un esclavo
                y a Elisa redimiréis.
                ¿Qué decís?

Leonor   Que ya es más caro,
                Conde, de lo que pensé
                el oro que me enmangasteis;
                pero, ¿qué tengo de hacer?
                Mas si a los primeros lances
                pretende el viejo cruel
                ser en mí leonoricida,
                ¿quién me podrá socorrer?

Carlos   Yo, Leonor, yo que he de estar,
                si advertida me escondéis
                donde de vuestras agencias
                siendo testigo sea juez.

Leonor   Alto, nunca las hazañas
                discursivas han de ser.
                Todo consejo es cobarde
                si padre del miedo es.

| | Entraos en ese aposento
que es donde duermo, y poned
toda el alma en los oídos.
Sabrán lo que me debéis.
(Aparte.)   (En el otro está don Juan.
A pares empieza el mes.
¡En mi casa las tramoyas!
Conde es Carlos, yo mujer;
doblones los que me hechizan.)
¿Entráis?

Carlos   Entro para hacer
vuestra fortuna envidiada.

(Entra el conde Carlos.)

Leonor   Dios vaya conmigo, amén.

(Salen don Alonso, don Pedro, doña Ana, Elisa y otros.)

Alonso   Elisa, no ocasiones
sospechas a tu fama;
que ni te han de valer tus evasiones,
ni a quien con tantas veras y fe te ama
consentiré quejoso
pues con tu gusto vino a ser tu esposo.

Ana   Prima, si ésta no es tema
y quieres a don Pedro, ¿qué hay que tema
la dilación de un día que encareces?
Quien liberal da luego, da dos veces.

Elisa   Deja para los viejos,
pues que no peinas canas, los consejos

| | si no es que interesada
| | te importa el verme a mi pesar casada.
| | Conozco lo que medro
| | feliz consorte del señor don Pedro,
| | y estoy reconocida
| | al amor que me muestra,
| | mas tengo prometida
| | una novena a la patrona nuestra
| | de Atocha, y así trato
| | que se quede por hoy este contrato.

Alonso   Cúmplela desposada
            con más quietud y menos registrada;
            que aunque las estaciones
            son tan santas de suyo, hay ocasiones
            en que las juventudes
            profanan ejercicios de virtudes.
            No apures mi paciencia.
            Firma esas escrituras
            o apercibe tu loca resistencia
            a un convento de Lerma en que tus tías
            en su clausura enmienden tus porfías.

Elisa   Escojo, pues a mi elección lo dejas,
            por mejor que entre rejas
            sujeta siempre viva
            que a quien no tengo amor servir cautiva;
            pues si uno y otro al fin es cautiverio,
            más noble me le ofrece un monasterio,
            y más vale medrando eterno nombre
            ser esclava de Dios que no de un hombre.
            Y porque creas cuán constante afirmo
            la determinación de tus venganzas,
            rasgo en estos papeles esperanzas;

(Rásgalos.)   que de esta suerte yo violencias firmo.

Alonso   Detén, inadvertida.
(Saca la daga.)   la mano, si no intentas que en tu vida
                        mi enojo satisfaga.

Leonor   ¿Está en sí, vuesasted? Tenga la daga,
                        que siendo tan cristiana mi señora,
(Aparte.)   (La chanza encajo agora.)
                        y esposa de quien burlan, presumidos,
                        no ha de tener a un tiempo dos maridos.

Alonso   ¿Qué dices?

Pedro   ¿Cómo es eso?

Elisa   ¿Estás en ti, Leonor?

Leonor   Todo mi seso
                        está como solía.
                        Señores, mi señora es señoría.
                        Un conde la confiesa;
                        él por su esposa y yo por mi condesa.
                        Ayer le dio la mano
                        besándosela amante y cortesano.
                        Yo fui el cura y testigo.

(Aparte doña Elisa y Leonor.)

Elisa   ¡Desatinada, advierte...

Leonor   Ve conmigo.
                        que esto importa al engaño.

Elisa   ¿Pues no ves que resulta ya en mi daño;
             que está don Juan oyendo tus quimeras
             y que ha de imaginar que hablas de veras.

(En voz alta.)

Leonor   En balde me cohechas al oído.
             Más quiero mi conciencia. Tu marido
             es el conde don Carlos.
(A doña Elisa.) Ve conmigo, que así puedes burlarlos.

Alonso   ¿Qué conde o desventura?

Leonor   Esto es notorio.
             Delante de mí se hizo el desposorio.
             ¿De qué forman espantos?
             ¿Es mucho un conde donde sobran tantos?
             Él jura, endoselando estas paredes,
             en señorías mejorar mercedes.
             Y que apetezca yo, no es maravilla,
             ver las espaldas vueltas a una silla.

Alonso   Ya digas la verdad o ya estés loca.
             Tu atrevimiento mi furor provoca
             a que en tu sangre vil...

(Va a darla.)

Leonor   ¡Jesús, María!
             ¡Conde, vuelva por mí Vueseñoría!

(Sale el conde Carlos.)

Carlos   La voluntad, caballeros,

que el cielo quiso eximir
de humanas jurisdicciones
no ha de violentarse ansí.
Elisa, en cuya belleza
elíseos deleites vi,
puesto que allá vive el gozo
y acá el amarla es vivir,
piadosa admitió respetos
del alma que la ofrecí.
¡Corta oferta un alma sola
quien quisiera darla mil!
Poco más debe de haber
de un mes que por competir
con el Sol, salió en un coche
ella flora y él jardín
a dar nueva vida al Prado.
Pues, volviéndole a vestir
de yerba y rosa soberbio,
vio por noviembre su abril.
Dila parte de mis penas,
solicité, pretendí
sin perdonar circunstancias
que suele el amor lucir.
Correspondiólas afable
porque echó de ver que en mí
eran una misma cosa
el prometer y el cumplir.
La víspera de año nuevo
echó suertes y salí
por elección de los hados
su amante, y anoche en fin
me entituló su consorte
tan rendido, tan feliz
que en nuestras manos Amor

                nuestras almas vino a unir.
                Avisóme de la ofensa
                en que todos incurrís
                tiranizando su imperio.
                Caballeros advertid
                que es mi esposa, y que si os pesa,
                y lo queréis resistir,
                será fuerza el defender
                mi acción y fama o morir.

Alonso   Conde, entre los generosos
                siempre fue hazaña civil
                hurtar el cuerpo a las leyes
                y al Sol el rostro encubrir.
                Elisa casi os iguala,
                si la amáis como decís
                un mes ha con fin honesto,
                pudiéndomela pedir
                seguro de vuestro abono,
                ¿por qué de noche venís
                a usurpar jurisdicciones
                y esperanzas deslucir?

Pedro   Intenten pobres vulgares
                medrar por medio tan vil
                calidades a sus casas
                ennobleciéndose ansí;
                que es lo que es disculpa en ellos
                viene a ser, pues los seguís,
                defecto vituperable
                digno en vos de corregir.

Alonso   Oblígueos, pues sois tan noble,
                la templanza que advertís,

                a pesar de tanto agravio,
                en mi enojo, y elegid
                a satisfacción de partes
                esposa con quien vivir
                sin que menosprecios llore
                después si os arrepentís.

Elisa   Señores, ¿qué disparates
                nos pretenden consumir
                el seso con la paciencia?
                Yo, ¿cuándo os correspondí?
                ¿Cuándo os tuve por amante?
                ¿Cuándo, conde, os llegué a oír
                deseos de pretendiente?
                ¿Cuándo os hablé? ¿Cuándo os vi?

(Leonor habla aparte a doña Elisa.)

Leonor   ¡Que lo echamos a perder,
                señora! ¡Pobre de mí!
                El conde viene a librarte
                con este ingenioso ardid
                de tu padre y de don Pedro.

(Leonor habla aparte a doña Ana.)

                Si esta vez sabes fingir,
                libre tu don Juan te queda.

(Leonor habla aparte a doña Elisa.)

                Que es tu esposo el Conde di,
                y dale todo por hecho.

Elisa (Aparte.)	(¿Hay quimera más sutil?)
(A doña Ana.)	Doña Ana, ayúdame ahora;
	que solo te importa a ti
	que se case con el conde.

(A doña Elisa.)

Ana	Amiga, vuelve por mí.
(Aparte.)	(Lo que Leonor me aconseja
	me está de perlas. Salid,
	ciego Amor, a vuestra causa;
	que si llegáis a impedir
	que don Juan de Elisa sea,
	mi esperanza conseguí.)
	El callar es ya culpable,
	señores, y el resistir
	al cielo y temeridad.
	Con Leonor testigo fui
	de cuanto ha propuesto el Conde.
	Él la dio el alma, ella el sí;
	conformidad las estrellas,
	la noche ocasión y, en fin,
	don Pedro culpe a sus hados
	y téngase por feliz
	esta casa, pues, merece
	dueño tanto.

Alonso	¡Que por ti,
	inadvertida, liviana,
	haya mi honor de salir
	a la vergüenza! ¿Qué dices?
	¿Qué respondes?

| Elisa | Que encubrir |

           verdades tan manifiestas
           no es posible; que seguí
           los consejos de doña Ana
           sin poderme reducir
           a querer bien a don Pedro,
           y que el Conde vive en mí.

(Sale don Juan.)

Juan   Ya es infamia el sufrimiento.
           Déjame salir a dar
           desahogos al pesar,
           avisos al escarmiento.
           Pretender que en el tormento
           sufra las penas atroces
           la congoja y no dé voces
           con el agravio es lo mismo
           que enfrenar sobre el abismo
           los huracanes veloces.
              Todos me habéis ofendido;
           de todos juntos me quejo:
           de un ciego y avaro viejo;
           de un amigo fementido;
           de mí mismo inadvertido;
           de Elisa, en cuyo poder
           me he perdido sin temer
           que es de las mudanzas dueño
           y sombra, flor, pluma, sueño,
           la palabra en la mujer.
              No ha un hora que me juró
           con afectos apacibles
           atropellar imposibles
           que en mi favor despreció.
           No ha media que prometió

ser a violencias diamante.
No ha un instante que inconstante
anegó mis esperanzas.
¡Considerad las mudanzas
de una hora, media, un instante!
  Todos mi mal prevenís.
Loco por todos parezco.
A todos os aborrezco
pues todos me perseguís.
Si estos oprobios sentís,
venid a contradecirme.
Sígame el necio que afirme
que no es infeliz quien ama,
que Amor su imperio no infama
y que hay hermosura firme.

(Vase don Juan.)

Pedro   Oye, don Juan, que es preciso
el medio que ha de valerme.
Arrojado he de perderme.
No perdonarte remiso.
Yo pondré a tu poco aviso
freno y límite bastante
aunque desde aquí adelante
juzgue quien mi agravio siente
que le restauré prudente
si le descuide ignorante.
  Prevención discreta ha sido
Elisa, la que hecho habéis;
pues, porque os sobren tenéis
en cada sala un marido.
De los tres que hemos venido
podéis a gusto escoger

                    y esta casa no temer
                    lo que muchas necesitan
                    si las que poco se habitan
                    a pique están de caer.
                        ¡Tanto huésped encerrado!
                    ¡Notable capacidad
                    tiene vuestra voluntad
                    pues a tres lugar ha dado!
                    Puesto que he sido llamado
                    renuncio el ser escogido.
                    En Talavera he vivido,
                    en ella de mí os servid
                    aunque aquí y allá advertid:
                    se quiebran de una manera
                    los platos de Talavera
                    y las damas de Madrid.

(Vase don Pedro.)

Carlos   Ya, señora, dificulto
                    lo que antes facilité
                    aunque crédito no dé
                    a vislumbres de esta insulto.
                    ¡Pero a tal hora y oculto
                    en vuestra casa don Juan!
                    Permisiones de galán
                    exceden el justo extremo.
                    No os culpo yo, pero temo
                    peligro del qué dirán.

(Vase el conde Carlos.)

Leonor (Aparte.)   (Miedos, ¿qué hacemos aquí
                    si en esta tempestad toda

       soy la vaca de la boda
       y ha de llover sobre mí?
       Por el Conde me perdí,
       de él me voy a socorrer;
       y cuando no pueda ser,
       pues a embelecos me atrevo,
       oficio conmigo llevo
       que me gane de comer.)

(Vase Leonor.)

Ana   Prima, por verte en altura
       que a tus deudos nos honrase,
       procuré que se casase
       con un conde tu hermosura.
       El amor todo es ventura.
       No la supiste tener.
       Don Juan te ha echado a perder
       y es quien de ti más se ofende;
       que quien todo lo pretende
       todo lo viene a perder.

(Vase doña Ana.)

Elisa   ¿Qué intentará agora —¡cielos!—
       mi airado padre conmigo
       que entre el perdón y el castigo
       me derrotan sus desvelos?
       ¡Tanta tempestad de celos,
       Fortuna! Pues multiplique
       olas que a mi fe dedique;
       que si engolfándome van
       y no es Santelmo don Juan,
       el remedio es irme a pique.

(Vanse. Salen doña Ana y Leonor.)

Leonor   Esto es todo lo que pasa.

Ana   En efecto, ¿qué tú fuiste
              la que a Carlos escondiste?

Leonor   Ocultéle por ti en casa
                 y, de ella salgo por ti,
              huyendo.

Ana   Mientras la mía
              de ti su esperanza fía,
              en ella tendrás, y en mí,
                 la acción que yo. Y, si don Juan
              hace caso de su honor
              y paga mi honesto amor,
              mis dichas te deberán
                 las medras de nuestro engaño.

Leonor   Ten por cierto que no esté
              en Madrid quien más te dé
              pesares en todo este año.
                 Yo vi a sus puertas el coche
              con las mulas de camino;
              que ha de sacarla imagino
              el viejo esta misma noche.

Ana   Logre mis dichas, Amor
              y sáqueme de estas olas.

(Sale don Juan.)

Juan	Pésame no hallarte a solas. Retírate allá, Leonor.
Leonor (Aparte.)	(Bueno se le va poniendo el ojo a la haca. ¿Ya están los amores de don Juan de otro temple? No lo entiendo.)

(Vase Leonor.)

Juan	Doña Ana, yo necesito de tu amor y tu consejo. Herido a don Carlos dejo, deslumbróle su delito. Aguardéle en esa calle; ciego me salió a buscar. La razón me pudo dar aceros para sobralle. Enemigo es poderoso, peligrosa mi asistencia, si se evita con mi ausencia, partirme luego es forzoso. Débote la voluntad que pagarte no he podido, cuando más reconocido no quiere mi adversidad que llegue a corresponderla. El peligro me da prisa; la poca lealtad de Elisa ocasión de aborrecerla.
Ana	No querrá mi estrella airada, don Juan, ya en mi favor cuerda, que cobrándote te pierda

     hoy dichoso, hoy desdichada.
      Haga el Conde diligencias
     buscándote; que en mi casa
     mientras este rigor pasa
     desmentirás sus violencias.
      Este cuarto, ese balcón,
     pues en amar te aventajo,
     pasándome yo al de abajo
     te ha de servir de prisión.

Juan   Donde reina la piedad,
     donde triunfa tu firmeza,
     si es mi alcaide tu belleza
     mi prisión es libertad.
      Mas recelo de Leonor
     que me vio entrar.

Ana   No hay temella.
     Téngola grata, y por ella
     se ha de lograr nuestro amor.

Juan   Tú lo dispones de suerte
     que en las dichas que intereso
     soy ya dos veces tu preso.

Ana   Libros en que entretenerte
      hay sobre ese contador
     y aderezo con que escribas
     versos, que a Elisa apercibas,
     mientras que viene Leonor
      a traerte de cenar
     y a disponerte la cama.

Juan   La aurora aljófar derrama.

Ana	Tarde es para reposar. No tienes en qué ocuparte. Los presos duermen de día.
Juan	Desvela Amor, Ana mía, y amo yo.
Ana	Quiero cerrarte que te temo fugitivo.
Juan	Si me buscare Coral, fíate de él que es leal.
Ana	Adiós, pues, dueño cautivo.

(Vase cerrando con llave.)

Juan	¡Extraña temeridad he intentado, ciego Amor! Contento estoy con vivir tan cerca de quien murió.

(Sale Coral [por otra puerta, abriendo con llave,] y habla hacia dentro.)

Coral	Déjame la llave y vete a tus haciendas, Leonor. Aunque siendo haciendas tuyas no tendrán mucho de Dios.
Juan	¡Oh, mi Coral, bien venido!
Coral	Coral y tan tuyo soy que esta vez he de quitarte

todo el mal de corazón.
Déjame cerrar la puerta.
Retirémonos los dos
donde, ya que nos acechen
no nos oigan. Atención:
después que al coso saliste
picado del garrochón
de los celos, si no toro
torote atropellador,
de lo roso y lo velloso,
yo, herido de mi temor,
tuve envidia en las paredes
a las letras de carbón,
deseando transformarme
en ellas con saber yo
ser cartapacio del necio
y sátira del lector.
Cuando después que te fuiste
cada cual competidor
sarpullido de los celos,
le dio a tu dama un jabón.
Quedaron ella y su padre...
¡Ya ves qué tales los dos!
¡Como en las uñas del gato
el temoroso ratón!
Ponderó lo que te amaba,
tus finezas, tu valor,
la tempestad de tus celos,
lo limpio de tu afición
y que próvida en no dar
sospechas al pundonor
en los que a vistas vinieron
a esconderte te obligó.
Que a don Pedro aborrecía

más que el buho el resplandor,
al buen año el avariento,
a la Hermandad el ladrón.
Juró como un catalán
no saber quien ocultó
a aquel Conde entremetido,
de nuestra paz Galalón,
que ni de él tuvo noticia
ni en su vida le dignó
la memoria ni aun los ojos.
Mas que, a pura persuasión
de doña Ana que la dijo
ser tu amigo protector
y querer con tal engaño
redimir su vejación,
concedió con su embeleco,
y la cláusula cerró
con ofrecer a su espada
el cuello todo candor.
Oyóla pro tribunali
el viejo ponderador,
resolviéndose después
de media hora de sermón
en que había de llevarla
a Lerma antes que, veloz,
diese el alba afeite al Prado
y a su oriente bermellón.
Entró a prevenirse Elisa.
El viejo aprestar mandó
el coche con dos criados
y, entre tanto... oye el mejor
caso que escribió poeta
que, a serlo a fe de quien soy,
que sin mendigar asuntos

yo enriqueciera a un autor.
Entre tanto, como digo,
por un pariente envió,
confidente de su casa,
celoso de su opinión.
A éste, pues, en puridad
le dijo: «Álvaro, yo estoy
resuelto a honrar con la sangre
del conde mi sucesión.
Persuadir que trueque Elisa
en desdén la inclinación
que a don Juan tiene es querer
que el abril viva sin flor.
Fiado, pues, en el tiempo
cuya cuerda dilación
muda afectos y apetitos,
he fingido que llevo hoy
a un monasterio de Lerma
a Elisa, en cuya prisión
escarmiente rebeldías
y se mude su rigor.
Sacaréla luego al punto
de la corte y, yendo yo,
Dorotea y Alvarado
con ella, sin permisión
que a persona comunique,
ni vea aun el resplandor
del cielo con las cortinas
echadas. Mi prevención
estriba en que ignore el pueblo
que ha de darla habitación.
Llegaremos de esta suerte
a la una o a las dos
a sestear a las ventas

que llaman de Torrejón.
Retiraréla a una cuadra
hasta que cubra de horror
la noche nuestro hemisferio
y, siguiendo mi ficción
daremos vuelta a Madrid
persuadiéndola que estoy
resuelto a que viva oculta
en Illescas, donde vos
la esperáis a instancia mía
mientras la murmuración,
sepultada en el olvido,
no lastime nuestro honor.
Vendrémonos tan despacio
que entremos cuando el rumor
y bullicio de la gente
no pueda darla ocasión
para advertir que a la corte
mi engaño la restauró.
Vos, don Álvaro entre tanto,
en fe que mi amigo sois
y que en vuestra lealtad tengo
antigua satisfacción,
despejando aquesta sala
de cuanto adorno la dio
la calidad de mi estado
y de mi hacienda el valor,
cuadros, escritorios, sillas,
colgaduras, contador,
cama, estrado, sin que quede
un clavo que dé ocasión
a que reconozca el sitio,
pediréis al corredor,
Luis de Toledo se llama,

otra tanta ostentación
que de modo la disfrace
que no la conozca yo.
Retirada en ella Elisa,
y las puertas del balcón
clavadas, dando la luz
la vidriera superior,
ni creerá que está en la corte
ni viéndola sino vos.
Hará don Juan diligencias
que despierten su afición.
Solicitaré entre tanto
que el conde, que sospechó
mal del desaire pasado,
haga cuerda información
de la honestidad de Elisa
y, buscando intercesor
poderoso, si es su amante
lograré mi pretensión».
Esto dijo, esto escuché,
temeroso acechador,
por el hueco de la llave.
Esto mismo prometió
el don Álvaro, pariente,
partiendo a su ejecución
como el coche a su jornada.
Salí a tiento a un corredor.
Topé con una escalera.
Hasta un patio me guió.
Di desde él en un corral.
Salté desde un paredón.
Supe que el Conde iba herido.
Mi lealtad adivinó
que estabas en esta casa.

	Doña Ana abrirme mandó. Y la noche que se sigue volverá a la posesión de su cuarto nuestra Elisa. Si permanece tu amor, pared en medio la tienes, Tisbe y Píramo los dos. No os veréis por redendijas mas de balcón a balcón. Para que os comuniquéis con toda circunspección sin riesgo de la conciencia, que no lo permita Dios, traza tengo imaginada que ha de hacerme arquitector balconero con que admire al artífice mayor. Ya sabes mi habilidad. Mi ingenio es ensamblador. Lo que te quiero infinito. Consulta a tu suspensión durmiendo agora sobre ello y si te está bien o no; que después queda a mi cargo el lograr esta invención.
Juan	Coral, cosas me refieres que, al paso que nuevas son, causan en mí novedades extrañas.

(Sale doña Ana.)

| Ana | Vendrá Leonor, |

	que es hora que don Juan cene.
Juan	Abre, Coral.
Ana	Pues, señor, ¿cómo os va de carcelaje?
Juan	Doña Ana, ¿cómo con vos? Tarde es para que cenemos.
Coral	Almorzar será mejor y reposarás de día.

(Don Juan habla aparte a Coral.)

Juan	No hay plato de igual sazón como el hablar de mi Elisa.
Coral	Déjame a mí.
Juan	Vuelva yo por ti a la gracia de Elisa y mi hacienda a tus pies pon.

Fin de la segunda jornada

Jornada tercera

(Salen don Álvaro, don Alonso, Leonor y Elisa, traída por mozos en una silla de manos. [Don Alonso habla aparte a don Álvaro mientras que Elisa salga de la silla].)

Alonso   La industria ha sido extremada,
         pues en el coche cubierta,
         creyendo que a Illescas viene,
         la dejo en su cuarto presa.

Álvaro   A Leonor topé en la calle,
         y luego la hice por fuerza
         que viniese conmigo.

Alonso   Don Juan la esperanza pierda.

Álvaro   Está muy bien advertido
         [............ e-a]

(A Elisa.)

Alonso   Enmienda tu condición,
         que mientras no la mudares
         y más cuerda me obligares
         ha de durar tu prisión
            lo que durare mi vida.
         ¡Presto la consumirás!
         Todos presumen que vas
         a Lerma. Traza es fingida
            para que no sepan donde
         te niego a sus diligencias.
         ¡Extrañas tus resistencias
         son! Ni don Pedro ni el Conde

75

	te satisfacen. Don Juan
	no ha de ser tu esposo. En esto
	no hay que hablarme. Si has dispuesto
	darme disgustos, tendrán
	aquí los tuyos castigo.
	Si intentas que no me arroje
	a más extremos, escoje,
	consultándolo contigo.
(A don Álvaro.)	Cerrad y venid, que es hora
	de partirme.
Álvaro	Ejecutor
	he de ser de este rigor.
	Mirad lo que hacéis, señora.

(Vanse los dos y cierran con llave por de dentro.)

Elisa	No sé si diga que siento
	el verte en mi compañía
	más que cuanta tiranía
	oprime mi pensamiento.
Leonor	Suerte es de los desdichados
	que yerran en cuanto emprendan,
	con los servicios ofendan
	e indignen con los agrados.
	Doña Ana con las malicias
	de don Carlos me engañó.
	Merezca, señora, yo
	perdón siquiera en albricias
	de que está aquí tu don Juan.
Elisa	¿Qué dices?

Leonor	Que a Illescas vino,
	tú el norte de su camino
	y él tras ti tu piedra imán.
	Doña Ana tiene a don Juan
	en su casa. Y para darte
	aviso, vine a buscarte
	y cogióme en el zaguán...
Elisa	No me digas más, Leonor.
Leonor	Responde a las ansias mías.
	¿Has visto por dó venías?
Elisa	¿Cómo, si hasta el resplandor
	del cielo mi padre airado
	me limitaba? Aun de noche
	no nos permitió que al coche
	corriesen un encerado.
	Yo a la popa, él junto a mí;
	de día en una posada
	tan oculta y retirada
	que aun los huéspedes no vi.
	Apenas llegué a esta villa
	cuando me sale a la puerta
	también para mí encubierta
	de esta posada una silla.
	Y entrando a escuras en ella,
	para que todo lo dude,
	aun la escalera no pude
	ver cuando subí por ella.
Leonor	Tu tío me trujo aquí
	sin ver por dónde y culpada.
	El Conde, que interesada

me juzga, volvió por mí
   y alcanzó que te asistiese
con cargo de ponderarte
que su vida es adorarte.
Doña Ana, para que hiciese
   que de don Juan te olvidases,
también por mí ha intercedido
y los dos me han ofrecido,
como con Carlos te cases,
   dote y ajuar; pero yo
que contigo me crié
y por experiencia sé
que el cielo te destinó
   a don Juan, que te merece,
resuelta en morir contigo
al cielo doy por testigo
de lo que mi fe te ofrece.
   Cama y alcoba curiosa
hay que autorizan su dueño.

Elisa   Con pesadumbre no hay sueño.
Poco quiere quien reposa.
   Rezaré un rato primero
y entrarásme a desnudar.

Leonor   ¿Enamorada y rezar?

Elisa   ¿Qué dices?

Leonor   Que aquí te espero.
(Vase Elisa.)   Disponiéndose van bien
de Coral las invenciones.

(Saca muchas llaves en un llavero.)

        Fióme sus intenciones
y quiérole un poco bien.
        Agora falta probar
si entre tanta multitud
de lleves tendrá virtud
alguna para burlar
        la impertinente quimera
del viejo en nuestra prisión;
porque con llave al balcón,
sin ver la calle siquiera
        es morir. Aunque Amor muestra
industrias en la apretura,
y más de tanta clausura...
Ésta pienso que es maestra.
        Voyle a probar entre tanto
que cumple sus devociones
Elisa. Hermanos balcones,
dad luz, y sea por encanto.

(Vase y salen don Juan y Coral.)

Coral   Viento en popa navegamos
por el pasaje común
de los que nacen de pies.
La Fortuna te hace el buz.
Ya tu Elisa está en su casa
puesto que de mancomún.
Su padre y su confidente
la hacen creer, en virtud
de que a Carlos dé la mano,
que está en Illescas según
escuché trazarlo anoche
a la avara senectud

| | de su padre. Fuera duerme
doña Ana, que la avestruz
de la muerte le ha sisado
a su tía la salud.
No volverá según esto
hasta que con nueva luz
trueque el Sol en cunas de oro
el marítimo ataúd.
Encajado el pasadizo
que ha de ser nuestro arcaduz,
y de balcón a balcón
echó mi solicitud.
Por más que encarcele el viejo
a tu Elisa, si tahúr
eres, a figura estás
yendo a primera de flux. |

Juan   Las paredes están altas,
            la calle toda inquietud,
            los vecinos maliciosos.
            La honra peligra...

Coral   ¡Jesús!
            ¿De cuándo acá eres cobarde?
            Calóse el cielo el capuz,
            monjil de la viuda noche,
            sin verse un jirón azul.
            Durmiendo la vecindad,
            la Luna en el mar del sur,
            y ¡tú amor con tembladeras!
            ¡Miren qué asalto de Ormuz!
            Vete, y verás mis desvelos.

Juan   ¡Oh, Amor, si sacas a luz

                    mi esperanza, deberánte
                    mis sentidos su quietud!

(Vanse don Juan y Coral. Sale Leonor con una llave de loba.)

Leonor   Hechicera es esta llave.
                    No hay para ella prevención.
                    Abrí al instante el balcón.
                    También por la puerta cabe
                        de la sala que he ya abierto.
                    Deberále a mi artificio
                    don Juan todo este servicio,
                    pues con él su amor despierto.

(Sale Coral.)

Coral   Dóysela al mismo Arquimedes,
                    si es hombre, de tres la una.

Leonor   ¡Ay, Jesús! No me has dejado
                    gota de sangre.

Coral   Las brujas
                    como tú, por tener poca,
                    dicen que a los niños chupan.

Leonor   ¿Por dónde entraste?

Coral   A la chanza
                    de un tablón se lo pregunta.
                    Sacabuche balconero
                    cuyo cuello como grulla
                    ya se extiende, ya se encoge,
                    y celebrando mi industria

	en el otro se incorpora con invención tan segura que pueden pasar por él los chapines de una viuda. Que yo subí por encaje.
Leonor	Sí, pero Coral, ¿quién duda que en viéndolo los que pasan nuestra opinión no destruyan?
Coral	Anda, que estás hoy modorra. Ya te digo que se excusa todo registro mirón; pues cuando el Sol o la Luna quieran hacer de él alarde, retirándole se oculta del modo que la naveta del escritorio; que ocupa el espacio de su hueco.
(Sale Elisa.)	
Elisa	Si no hablas con las pinturas, Leonor, ¿con quién te entretienes? ¡Jesús! Coral, ¿tú aquí?
Coral	Triunfan sutilezas amorosas de impertinencias caducas y éntrase por cualquier parte Amor, que es deidad desnuda.
Elisa	Bien; mas ¿con llave las puertas?

Coral	Para Amor no hay cerraduras; que como es su padre herrero le enseñó a forjar ganzúas.
Elisa	¿Quién te dijo que en Illescas estaba yo?
Coral	Amor, lechuza, que escondiéndose del Sol te supo seguir a escuras. En Illescas y en la corte estás a un tiempo y, sin culpa, presa en tu mismo aposento él de don Álvaro ocupas. Si quieres averiguar todas estas garatusas, abre [al] balcón las ventanas, repara el modo y figura de la sala en que te prenden. Mira esa alcoba o estufa, las bovedillas del techo que en Illescas poco se usan, esas puertas y paredes que como los trajes mudan cual danzantes se disfrazan con ajenas composturas. Yo pasé por el balcón. Pasar puedes tú si gustas, que la puente levadiza ningún pasajero excusa. Don Juan está en ese cuarto. De tu prima estás segura. No hay cosa que te dé enojo.

[Dice dentro don Alonso.]

Alonso   Esperadme, conde, aquí.

Elisa   ¡[Aquéste] es mi padre!

Leonor   Sí.

Coral   Al pasadizo me acojo.

(Vase.)

Elisa   Yo me retiro a esta puerta.

Leonor   Engaños hay para todo.
                  [............. -odo]
                  [............. -erta].

Alonso   ¡Hola! Abrid aquí.

Leonor   ¿Quién es?

(Sale don Alonso.)

Alonso   Si yo por de fuera cierro,
                  ¿para qué es prevención tanta?

Leonor   Para que quien entre dentro,
                  no nos halle de improviso
                  en civiles ministerios.

Alonso (Aparte.) (Yo quiero con esta industria
                  estorbar sus pensamientos.)

Llama a Elisa.

(Sale Elisa.)

Elisa
   Pues, señor,
   ¿has hallado modos nuevos
   con que añadirme pesares?
   ¿Mudaste ya de consejo?
   ¿Quedósete algo olvidado?
   Que yo te estaba midiendo
   dos leguas de aquí el camino.
   ¿A qué vuelves?

Alonso
   Ya no es tiempo
   de proseguir invenciones.
   Hija, solo los recelos
   de que don Juan te inquietase
   determinarme pudieron
   a persuadirte que estabas
   en Illescas; mas supuesto
   que ya no nos hace estorbo,
   que estás en Madrid te advierto
   en tu casa y en tu cuarto.

Elisa
   ¿Dónde?

Alonso
   En tu casa.

Leonor
   ¡Ay, qué enredo!

Elisa
   Pues aquesta ostentación
   ¿de dónde vino?

Alonso
   Todo eso

y más hallan en la corte
diligencias y dineros.
Vamos agora a lo más
y no gastemos el tiempo
en lo que menos importa.
Don Juan, perdido de celos,
hirió ayer noche a don Carlos
y recelándole muerto,
se valió de doña Clara
en cuya casa y secreto,
por ser de doña Ana tía,
y heredera convinieron
en que don Juan se ausentase
quedando los dos primero
desposados. Supo el conde
los amorosos extremos
que don Juan debe a doña Ana.
Supo estos tratos don Pedro
y tuvo de ellos envidia
porque viendo tus desprecios,
olvidado de tu amor,
el suyo en tu prima ha puesto.
Don Carlos, pues, que te adora
juzgó generoso y cuerdo
que casándose doña Ana
con don Juan, hallaba medios
con que obligarte a su amor
y anteponiendo deseos
a venganzas, fue esta noche
a ver a don Juan, saliendo
con tantas veras su amigo
que a instancia suya se dieron
doña Ana y don Juan las manos,
unos y otros tan contentos

	que enviándome a llamar
testigo he sido y tercero
en casa de doña Clara
de finezas y de afectos.
Mañana, en fin, se desposan,
y el Conde, que por ti ha expuesto
la vida, viene conmigo.
¡Ya ves lo que le debemos!
Págale grata su amor.
Leonor (Aparte.)	(¡Jesucristo! ¡El embeleco
que ha tejido en un instante!
¡Válgate la trampa el viejo!)
Elisa	Cosas, señor, me refieres
que las presumiera sueños
a no ser quien las afirma
tan digno de fe y respeto.
¡En la breve duración
de un día tanto suceso!
¡Tanta mudanza en don Juan!
¡Tan poco amor en su pecho!
¡Alto, Amor desvanecido
al uso del siglo andemos!
Lo que arruinaron engaños
reedifiquen escarmientos.
al conde Carlos admito.
[Abrázala.]	
Alonso	¡Agora sí que en tu cuello
como la hiedra en el olmo
mis años rejuvenezco!
Aquí está, voy a llamarle.

	¡Qué buenas nuevas le llevo!
Elisa	¿A estas horas? No señor. Mañana con más sosiego dispuesta el alma a servirte podrá venir.
Alonso	Bien, no quiero apresurarte; mas mira que, pues quedamos en esto, no me saques mentiroso.

(Vase don Alonso, [cerrando con llave].)

Leonor	Señora, ¿qué es lo que has hecho?
Elisa	Leonor, ¿qué sé yo? ¿Qué quieres de un alma toda recelos que entre engaños que ha escuchado duda verdades? ¡Que tiemblo! Don Juan adoró a doña Ana. Apariencias le ofendieron del conde en mi casa oculto, hirióle, ausentóse, y temo que escondiéndose en la suya siendo huésped, salga dueño. Abre, Leonor. Dame el manto.
Leonor	¿Para qué?
Elisa	Las dos iremos, o yo sola que es mejor, quedándote tú aquí dentro. Si a don Juan hallo en la casa

                de mi prima, desaciertos
                de mi temor me engañaron;
                mas si no, cuanto sospecho
                es sin duda.

Leonor   ¿Y no reparas
                que han de conocerte luego
                los criados de tu prima?

Elisa   Todos estarán durmiendo.
                La casa tiene vecinos.
                Hallaré el portal abierto.
                Arriba en el cuarto solo
                vive don Juan casi preso.
                Fingiré que soy doña Ana,
                abriráme y trazaremos,
                si se engañan mis malicias,
                los dos el mejor acuerdo
                que asegure mis temores.

Leonor   Loca estás.

Elisa   Estoy sin seso.

Leonor   Pues ¿dónde habemos de hallar
                el manto si entraste en cuerpo
                desde el coche hasta la silla?

Elisa   Mantos hay en mi aposento
                Mira ese cofre, Leonor.

Leonor   Vamos; que apaciguar celos
                es pedir peras al olmo.

Elisa	Leonor, avisa en sintiendo a mi padre.
Leonor	¿Yo? ¿Por dónde?
Elisa	Tendrá el pasadizo puesto Coral, y desde el balcón me llamarás.
Leonor	En efecto ¿das en creer disparates?
Elisa	Dúdolos si no los creo.

(Vanse las dos y salen don Alonso, don Pedro y el conde Carlos, con banda.)

Carlos	Escondido y atento escuché su amoroso sentimiento, y que ofreció discreta ser dueño mío si doña Ana aceta a don Pedro y olvida a don Juan. Pues nos consta su partida a Valencia, no queda inconveniente que estorbarnos pueda.
Alonso	La elección que en su amor don Pedro ha hecho nos obliga a ayudarle.
Pedro	Satisfecho de su honesta hermosura desde que fui su huésped, mi ventura a adorarle me inclina.
Alonso	Seguirá mis consejos mi sobrina

                    pues por padre me tiene.
                    Fuera de que avisarla me conviene
                    de todo este suceso
                    pues el fin que intereso
                    estriba en que a su prima persuada
                    que con don Juan su boda concertada,
                    será más venturosa
                    si con ella don Carlos se desposa.

Pedro   Cuidad de exagerarla
                    lo mucho que me esmero en adorarla,
                    lo que pienso servirla.

Alonso   A mí me está tan bien el persuadirla
                    la suerte que no espera;
                    que cuando no por vos por mí lo hiciera.
                    Hallaréla dormida;
                    mas no importa. Despierte; que sabida
                    la nueva que he de darla,
                    lisonja pienso que es el despertarla.

(Vanse y salen doña Elisa con manto, don Juan y Coral.)

Elisa   Todo esto pueden sospechas
                    si bien hallándoos aquí
                    del alma las despedí.

Juan   Como estén ya satisfechas;
                    aunque tormentas deshechas
                    fulmine en el mar de amar
                    la Fortuna, que turbar
                    mis esperanzas procura,
                    Santelmo vuestra hermosura,
                    no han de poderme anegar.

| | Sentaos un rato. Tracemos
ardides con que podamos
vencer, aunque padezcamos
inclemencias que tememos. |
|---|---|
| Elisa | Don Juan, prevenir extremos
de un padre todo violencia,
a costa de la paciencia
es forzoso. Yo me voy. |
| Juan | Mirad que en la gloria estoy
en fe de vuestra presencia.
    A estas horas, ¿qué teméis? |
| Elisa | Temo, don Juan, el cuidado
de un padre que desvelado
Argos en mi ofensa veis. |
| Juan | ¿Por el balcón os iréis? |
| Coral | Yo le voy a prevenir
entre tanto; que el zafir
del cielo platea la aurora. |

(Vase Coral.)

| Juan | Merezca quien os adora
solo este instante vivir. |
|---|---|
| Elisa | Es la Fortuna inhumana
de mi paz tan enemiga... |

(Siéntanse los dos de espaldas a la puerta por donde entra don Alonso. [Sale don Alonso] y se levanta don Juan. Doña Elisa se queda sentada y cubierta con el manto.)

Alonso   ¡Válgame el cielo! ¿Qué es esto?
          Parece que escuché a Elisa.
          ¿Con luz la sala y abierta?
          Madrugado ha mi sobrina.

(Doña Elisa habla aparte con don Juan.)

Elisa   Éste es mi padre. ¿Si en casa
          me echó menos? ¡Qué desdicha!

Juan   Cubre la cara y no temas.

Alonso   ¡Don Juan!

Juan   ¿Mandáis en qué os sirva?

Alonso   ¿Qué hacéis vos en esta casa?

Juan   Experiencias de cuán digna
          es de alabanza su dueño,
          pues ansí su amor me obliga.

Alonso   ¿No os íbades a Valencia?

Juan   Es poca causa una herida
          en mi agravio ocasionada
          para ausencia tan prolija.

Alonso   ¿Qué es de doña Ana?

Juan	Llevóla
la enfermedad de su tía
para que como heredera
a su testamento asista.
Alonso	¿Qué veo? ¡Válgame Dios!
Juan	¿Qué os ha dado?
Alonso	¡Pues, Elisa!
¿Tú a tal hora y en tal parte?
¿Así mi honor precipitas?
¿Así tu fama atropellas?
¿Así mi sangre lastimas?
Juan	¿Qué decís? ¿Estáis en vos?
Alonso	¿Cómo? ¿Qué queréis que diga?
¿Quién estar en sí pudiera?
¡En vuestra sangre, en su vida,
satisfacer mis deshonras!
Con alguna llave hechiza
falseaste mis cuidados,
franqueaste tus malicias.
Juan	Volved, señor don Alonso,
en vos. Que es grande desdicha
que vejez tan venerable
de su prudencia desdiga.
Si sacasteis de esta corte,
dos noches ha, a vuestra hija,
si nuestro amor os ofende,
si agora a Lerma camina,
¿quién vuestros discursos ciega?

| | ¿Quién os altera la vista?
¿Quién quimeras os retrata?
¿Quién apariencias os pinta?
Advertid que esta señora
como a preso me visita.
Fue doña Ana a ver su enferma
y, mi fe reconocida
a un amor tan generoso,
como halló en su hermosa vista
contrahierba a mis desvelos,
que se quede la suplica
conmigo un rato, fiadora
de su honor la cortesía.
A este tiempo entrasteis vos,
y del modo del que mira
por cristales de colores
juzga de la especie misma
todas las cosas que advierte.
Los cuidados que os lastiman
os hacen creer que son
cuantas damas veis Elisas.
Doña Ana quiere a don Pedro,
el Conde los patrocina.
Los dos tratan desposarse.
Sus esperanzas estriban
en vuestro consentimiento.
Ausente está de esta villa
vuestra ingrata sucesora
¿qué ocasión, pues, os incita
a desbaratar acciones
de vos tan apetecidas? |
|---|---|
| Alonso | ¡Persuadirme que estoy loco
para que mejor se finja |

	vuestro engaño! ¡Que, aunque viejo, no está la sangre tan tibia en mis venas que no baste!
Juan	Sosegaos, señor.
Alonso	Malicias semejantes no merecen quietud si no se castigan. ¿A mí negarme evidencias? ¡Aquel manto, la basquiña, el talle, la misma voz que escuché cuando subía conozco!
Juan	¡Qué extraño tema! ¿No habrá en Madrid quien se vista de la mesma suerte que otras?
Alonso	Si puedo con descubrilla convencer vuestros enredos ¿qué aguardo?

(Quiere destaparla y detiénele don Juan.)

Juan	No se averiguan en desdoro de las damas recelos con demasías. Suspended cortés la mano o no os guardarán las mías la noble veneración a que las canas obligan.
Alonso	¡Negáisme que vea su cara!

(Alza todos los tapices muy colérico y tienta todas las paredes.)

¡Ah, quién tuviera en la cinta
el acero que los años
para su agravio jubilan!
Falseó el atrevimiento
llaves que el vicio fabrica;
pero mientras la experiencia
certidumbre examina,
quedaos, aleves, que yo
volveré a casa y, si Elisa
no está en ella, aunque con riesgo
de su opinión ya perdida,
lo que no pueden mis años
será fuerza que remita
al socorro de las canas,
dando cuenta a la justicia.
La llave que aquí olvidasteis,
dejándoos presos, os quita
de la mano la ocasión
de que huyáis.

(Quita la llave de la puerta y vase cerrando por fuera.)

Elisa Coral, aprisa,
que es la dilación dañosa.

(Sale Coral.)

Coral Nuestra puente levadiza
te asegura. ¡Alto, a pasarla!

Juan Adiós dueño de mi vida,

                que yo velaré entre tanto,
                Argos el alma en mi vista
                para socorrer desaires
                si en ellos mi amor peligra.

(Vanse. Sale Leonor.)

Leonor   Picóse mi ama en el juego.
                No tiene tanto temor
                como yo.

(Sale Elisa quitándose el manto apresurada.)

Elisa   ¡Leonor, Leonor!
                Quítame este manto luego
                y escóndele. ¡Acaba, pues!

Leonor   ¿Viene señor?

Elisa   ¡Ay de mí!

Leonor   ¿Y te vio con don Juan?

Elisa   Sí.
                Referiréte después
                  cosas que te den espanto.
                Descuidados nos cogió.

Leonor   ¡Jesús! ¿Y te conoció?

Elisa   No y sí. Acaba, esconde el manto.
                  Date prisa; que de hallarle
                me pierdo. Llévale.

Leonor   ¿Adónde?

Elisa   En los colchones le esconde;
               pero no, que ha de buscarle.
               Échale por el balcón
               en la calle... Mas verále
               mi padre que agora sale
               de esotra casa.

Leonor   ¡Dispón
               qué habemos de hacer!

Elisa   Espera,
               bájale a nuestro aposento.

Leonor   Peor, que a tu padre siento
               subir ya por la escalera.

Elisa   En la manga.

Leonor   Mal consejo
               que en una comedia vi
               que le escondieron así
               y todas las oye el viejo.

Elisa   Mira, pues, que sube.

Leonor   Aguarda,
               verás un ardid bisoño.
               Metámosle en este moño.

(Destócase Leonor y quítase una jaulilla. El manto ha de ser de los que llaman de humo. Métenle doblado en la jaulilla y vuélvase Leonor a ponerla. Dentro don Alonso.)

99

Elisa   ¡Sutil industria!

Leonor   ¡Gallarda!
                         Alíñame esos cabellos.

Elisa   ¡Qué mal se reirá quien llora!

Leonor   Barzagas que le halle agora.
                         Acaba de componellos.

Alonso   Leonor, esa aldaba quita.

Elisa   Señor, pues ¿a qué otra vez?

(Sale don Alonso.)

Alonso   ¡Jesús, Jesús, mi vejez
                         el seso me precipita!
                            ¿Por dónde pudiste entrar
                         en esta pieza?

(Mira y tienta las paredes y la alcoba.)

Elisa   ¿Qué dices?
                         ¿Qué buscas en los tapices?
                         ¿Qué por la cama?

Alonso   Engañar
                         mis advertencias pensabas?
                         ¿Qué es del manto que traías?

Elisa   ¿Manto? ¿Cuándo? ¡Desvarías!

Alonso	Cuando con don Juan estabas.
Leonor	¡Ay desdichada de mí! Señor ha perdido el seso.
Elisa	¿Yo con don Juan?
Alonso	De tu exceso, liviana, evidencias vi. Despejad las dos las mangas. Manifestad faltriqueras.

(Míralas.)

Leonor (Aparte.)	(O está sin seso de veras o viene a caza de gangas.)
Elisa	Padre y señor ¿qué te han dado? ¡Ay, cielos, que me la han muerto!
Leonor	O caduca o ten por cierto que el Conde nos le ha hechizado.
Elisa	Padre mío de mis ojos, ¿qué tienes?

(Hace que llora.)

Alonso	Llora y derrama embustes. ¿Si está en la cama?

(Vuelve a mirar en la alcoba.)

Elisa	¡Nunca yo te diera enojos!

                        ¡Que he de pagar tan aprisa,
                        Fortuna, tantos rigores!
                        ¡Ay, padre mío!

Leonor (Aparte.)   (¡Ay, amores!)

Alonso   Sosiega el pesar, Elisa.
                          Entré a buscar a tu prima.
                        Hallé a don Juan y a su lado
                        a una dama que aunque echado
                        el manto, juzgué de estima.
                          Engañóme su vestido,
                        su talle y disposición;
                        pues, dando fe a mi ilusión,
                        descortés los he ofendido.
                          Cerrados, hija, los dejo
                        y es fuerza el volver a abrillos.
                        Templarélos con pedillos
                        perdón. ¿Qué quieres? Soy viejo.
                          Donde hay canas, hay malicias.

Elisa   ¿Qué dices?

Leonor   ¡Donoso paso!

Alonso   Si con el Conde te caso,
                        yo te permito, en albricias
                          del gusto que he de tener,
                        que os burléis las dos de mí.
                        Reposa, no estéis así
                        que quiere ya amanecer.
                          Razón será que repares
                        enfados de mis extremos,
                        casaráste y trocaremos

                  en regocijos pesares.
                  ¿No quieres al Conde mucho?

Elisa   Mucho no, pero querréle
                  poco a poco.

Leonor   Amor no suele
                  entrar de golpe.

Alonso   Ya escucho
                  que le dices mil ternezas.
                  Advierte que ha de venir
                  conmigo a las diez. A abrir
                  voy a don Juan. Mis simplezas
                  perdona y acuéstate.

(Vase don Alonso y ciérralas.)

Elisa   Leonor, vuelve a darme el manto
                  y di a Coral entre tanto
                  que eche el puente.

Leonor   ¿Para qué?

Elisa   El para qué es de provecho.
                  No hallándome con don Juan,
                  ¿de qué, Leonor, servirán
                  los embustes que hemos hecho?

Leonor   ¿Pues no es mejor que ahora vaya
                  yo en tu nombre, y que encubierta
                  le deslumbre?

Elisa   ¿Y si te acierta

                        a conocer? ¡Que esta saya
                        vino a ser causa y materia
                        de la tragedia que oíste!

Leonor   Tu saya y tu manto me viste.

(Quitándose Elisa la saya.)

Elisa   Dices bien.

(Poniéndose la saya de su ama.)

Leonor   ¡Cuál va la feria
                        de enredos!

Elisa   El manto toma.

(Pónese Leonor el manto.)

Leonor   Llamo al patrón de la nao.
(Hacia dentro.)   Echa acá la barca, ¡aho!
                    Ya el alba el copete asoma.

Elisa   No hay amor sin invenciones.

Leonor   Yo lograré nuestro ardid
                    porque celebre Madrid
                    manto, jaulilla y balcones.

(Vanse las dos y sale don Juan.)

Juan   Niño Dios, no te va menos
                        que la honra si no sales
                        airoso del laberinto

                    en que ciego te enredaste.
                    Llamas traes. Serena alegre
                    las confusas tempestades
                    de tanto amoroso golfo
                    porque a la playa nos saque.

(Salen Leonor con manto y Coral.)

Coral   Entra e iré a alzar la puente.
                    Serás Leandro en el aire
                    pues nadas olas de vientos
                    como el otro nadó sales.

(Vase Coral.)

Juan   Pues, mi bien ¿qué ha sucedido?

Elisa   Don Juan, ya ni industrias ni arte
                    nos pueden ser de provecho.
                    El conde obligó a mi padre,
                    los dos siguieron mis pasos,
                    y en fin habré de casarme.

Juan   ¡Oh, la más cruel...!

Leonor   ¡Ay, triste!
                    ¿Decir quisiste Anajarte?
                    Sosiega, ¿no me conoces?

(Descúbrese.)

Juan   ¡Mil vidas me restauraste!
                    Pero, ¿qué embeleco es éste?

Leonor

No hay tiempo para contarte
prodigios. Sentémonos
de la misma suerte que antes;
que volviera el viejo a abrirnos.
Sabrás cosas admirables.

(Siéntanse, y salen don Alonso y don Álvaro por la puerta del vestuario y quédase Leonor, tapada, sentada al lado de don Juan.)

Alonso

Don Álvaro, de este modo
averiguaré verdades.
Id agora a ver si Elisa
está en su cuarto. La llave
es ésta. Abrid con sosiego
que como yo aquí dentro halle
la encubierta y vos a mi hija,
creeré que pude engañarme.

Juan

¿Ya volveréis satisfecho?

Alonso

Y corrido. Perdonadme,
señora, si malicioso
di crédito a vuestro traje.

(Aparte.)

(¡Vive Dios, que es imposible
no ser ésta Elisa! El talle,
la basquiña, ¡vive Dios!
Yo vuelvo a desengañarme.)

[Hablan aparte don Álvaro y don Alonso.]

Álvaro

Voy a verlo.

Alonso

Id con secreto.

(Vase don Álvaro.)

Alonso (Aparte.) (De duda el cielo me saque.
 ¡El manto, la saya, cielos!
 Acreditan mis pesares
 pero cerrada quedó.)

Juan No os suspendáis tanto, paren
 en amistad sentimientos,
 señor don Alonso, y basten
 vuestras mismas experiencias
 a reduciros afable,
 que estimo yo el ser muy vuestro.

Alonso En pruebas de nuestras paces
 os doy con los parabienes
 los brazos, como se case
 con vos la dama presente,
 y aumentéis felicidades
 de Elisa, del conde esposa,
 y de don Pedro, su amante
 doña Ana, hospedera vuestra.

Juan Es deidad Amor y sabe,
 manifestando su imperio,
 hacer lo difícil fácil.
 Siglos los cuatro se gocen.

Alonso Mil, don Juan, el cielo os guarde
 en vida de esa hermosura.
 Adiós, tomad vuestra llave.

(Dásela y vase don Alonso.)

Leonor (Quítasele.)	Quédese este manto aquí; que si vuelve a registrarme el viejo allá, es peligroso porque no hay donde ocultarle.
(Sale Coral.)	
Coral	Esto hasta agora va bien.
Leonor	Vamos, Coral.
Coral	Buen viaje.
(Vanse.)	
Juan	Ya el alba borda el oriente de aljófares y granates. ¡Ay, si les diese a mis dichas el parabién con las aves! Parece que siento voces en el balcón. ¿Si su padre a mi Elisa agravio hiciese? Libraréla aunque me maten.

(Vase. Salen don Alonso y el conde Carlos.)

Alonso	Huelgo de haberos hallado, tan de mañana [en la calle. Vengo de ver a doña Ana que hoy con don Pedro se case.]
Carlos	Duermen tan poco los celos que han hecho que me levante antes que el alba, temiendo

	perder mis dichas por tarde.
Alonso	Finezas con como vuestras. Ya, conde, de vuestra parte tenéis el amor de Elisa.

(Salen doña Elisa y Leonor, al paño, don Álvaro y después don Juan.)

Leonor	Verédeslo, dijo Agrajes.
Alonso	Don Álvaro, ¿estaba aquí?
Álvaro	Con sentimiento bastante de que de ella desconfíes.
Alonso	Alto. Debí de engañarme.
Juan	Don Alonso, si es prudencia que primero que me case esperanzas asegure y venza dificultades; ya que he sido tan dichoso que hallé al conde sin buscarle con vos agora, quisiera quitar estorbos delante. Porque anoche le alabé, poco cuerdo en esta parte, las prendas de vuestra Elisa, atropellando amistades me la usurpa y se desposa. Recelo, pues, que si sabe que en otra dama me empleo, con Elisa sea mudable, y también me la pretenda.

                    Vengo, pues, a asegurarme
                    de él y de vos.

Alonso   ¿Pues de mí
                    qué hay que temáis?

Juan   Escuchadme.
                    Si la prenda a quien adoro,
                    teniéndoos a vos por padre,
                    por su esposo me eligiese,
                    ¿permitiréiselo afable?

Alonso   ¿Por padre a mí?

Juan   Así lo afirma.

Alonso   ¿Pues no es esa...?

Juan   Es la que hallasteis
                    conmigo, poco ha, encubierta.

Alonso   ¿Hay suceso semejante?
                    ¿Y esa dama es deuda mía?

Juan   Su nobleza es vuestra sangre.

Alonso   Será doña Ana.

Juan   Ella u otra.
                    Vuestro gusto se declare.

Alonso   Digo, si es la que con vos
                    dio motivo a los pesares
                    que ya en gozos se convierten,

	que siglos el cielo os guarde
a los dos, con sucesores
que vuestros gustos dilaten.
Juan	Bésoos la mano mil veces.
Vos, conde, habéis de jurarme
de pasar también por esto.
Carlos	Gustoso, como no pase
adelante nuestro enojo.
Juan	Juradlo pues.
Carlos	Don Juan, baste
la palabra que os empeño.
Juan	Pues, adiós.
Alonso	Sepamos antes
quién es la dama en enigma.
Juan	Por agora es importante
encubríroslo. Señores,
cuento con lo que jurasteis,
y luego al punto...
Leonor (Aparte.)	(Ya entiendo.)

(Retíranse Elisa y Leonor.)

| Juan | ...veréis que traigo a mi amante. |

(Vase y sale don Pedro.)

Pedro Ya llegó la sutileza
a los últimos remates
de su ingenioso artificio.

Alonso ¿Qué es esto, don Pedro?

Pedro Lances
del amor y del ingenio
que parecen disparates,
y son en vuestro desdoro
bien lastimosas verdades.

Alonso ¿Qué dices?

Pedro Que hay ya balcones
que para comunicarse
sin que teman precipicios
labran puentes por los aires.
Venid, certificaréisos
de la invención más notable
que pudo fraguar la industria.

Carlos Declaraos.

Pedro El declararme
ha de ser por vista de ojos.
Venid, veréis el pasaje
que por los golfos del viento
hallan nuevos navegantes.

Alonso ¿Qué es esto, confusa noche?

(Vanse. Salen don Juan, Coral, Elisa y Leonor, y van pasando [de una casa a otra].)

Juan	Resoluciones amantes
son dichosas las más veces.
No temáis, mi bien.
Elisa	Ya es tarde
para temor y escarmientos.

(Dentro en los balcones.)

Coral	Señores, no tiemble nadie,
no seamos volatines
que, dando a entender que caen,
suelen burlando en el suelo
como huevos estrellarse.
Leonor	Tenme, Coral.

(Va pasando Leonor.)

Coral	Arlequín,
tente tú; que a esotra parte
suena el viejo.
Leonor	¡Ay, desdichada!

(Llegan al balcón el conde [Carlos], don Alonso, y don [Álvaro] y bajan los de arriba.)

Alonso	Ya no es posible escaparse.

(Salen al tablado don Juan, Elisa, Leonor y Coral.)

Elisa	¡Ay, don Juan! ¡En el balcón

| | don Pedro, el conde y mi padre!
| | ¡Volvámonos!

Alonso   ¡No es posible!

Juan   Yo he de morir o librarte.

(Al querer entrar don Juan, Coral y los demás, sale doña Ana por la misma puerta acompañada por don Pedro.)

Ana   ¿Dama en mi casa y oculta?
              Don Pedro, de agravios tales
              venganza os piden mis penas.

Pedro   Grande es mi amor, si ellas grandes.

Ana   ¿Así se premian socorros,
              don Juan? ¿Así es bien se paguen
              favores de vuestros riesgos?

Pedro   Por ingrato y por mudable
              moriréis como Perilo
              en la invención que trazasteis.
              Solo hay paso por aquí.

(Saca la espada.)

Carlos   Y por aquí solo se abre
              salida a un alma rebelde,
              franqueándola mi ultraje.

(Sacan las espadas el conde Carlos y don Alonso.)

Coral   Pasadizo ratonera

	es el nuestro. No se llama
sino el puente de Mantible,
pues que le guardan jayanes.
Juan	Ésta es la dama encubierta
que a solas conmigo hallasteis,
y después me permitisteis
pues que os llame su padre,
que mi esposa la eligiese.
Lo mismo, conde, jurasteis.
Cumplid como caballeros.
Elisa	No violentéis voluntades.
Triunfad de vos mismo, conde;
sed cortés si sois amante.
Carlos	Razones tan elocuentes,
dignas son de venerarse.
Amparo de vuestro amor
seré de aquí en adelante
domo de don Juan amigo.
Y si estima vuestro padre
serlo mío, como creo,
logrará felicidades
que tal yerno le asegura,
porque yo, si hasta aquí fácil
en no reprimir pasiones,
seré enemigo constante
de quien a don Juan no estime.
Alonso	¿Hay bellaquería más grande?
Elisa	¡Padre mío!

Leonor	¡Viejo mío!
Alonso	Vos lo mandáis, Dios lo hace. Trázalo Amor contra tantos. Un viejo solo, ¿qué vale?
Don Juan	Dejad que los pies os bese.
Carlos	Anudemos voluntades que rompieron competencias, porque eternicemos paces, dando doña Ana a don Pedro la mano.
Ana	Sabré estimarle porque viene de la vuestra.
Coral	Pues que se queda incasable, vuestra virgen señoría, metámonos los dos frailes.
Leonor	Eso no, que soy tu esposa.
Coral	¿Que aún no he podido escaparme?
Carlos	Fenecieron con la noche confusiones y pesares, y con el Sol amanece la paz que a alegrarnos sale.
Juan	Éstos los ardides son con que Amor prodigios hace.
Leonor	Y estos mis embustes son.

No fíe en mujeres nadie.

Coral   Los balcones de Madrid
aquí da fin, perdonadme
que si no os digo el poeta,
me han mandado que lo calle.

Fin de la comedia

Libros a la carta

A la carta es un servicio especializado para
empresas,
librerías,
bibliotecas,
editoriales
y centros de enseñanza;
y permite confeccionar libros que, por su formato y concepción, sirven a los propósitos más específicos de estas instituciones.

Las empresas nos encargan ediciones personalizadas para marketing editorial o para regalos institucionales. Y los interesados solicitan, a título personal, ediciones antiguas, o no disponibles en el mercado; y las acompañan con notas y comentarios críticos.

Las ediciones tienen como apoyo un libro de estilo con todo tipo de referencias sobre los criterios de tratamiento tipográfico aplicados a nuestros libros que puede ser consultado en Linkgua-ediciones.com.

Linkgua edita por encargo diferentes versiones de una misma obra con distintos tratamientos ortotipográficos (actualizaciones de carácter divulgativo de un clásico, o versiones estrictamente fieles a la edición original de referencia).

Este servicio de ediciones a la carta le permitirá, si usted se dedica a la enseñanza, tener una forma de hacer pública su interpretación de un texto y, sobre una versión digitalizada «base», usted podrá introducir interpretaciones del texto fuente. Es un tópico que los profesores denuncien en clase los desmanes de una edición, o vayan comentando errores de interpretación de un texto y esta es una solución útil a esa necesidad del mundo académico.

Asimismo publicamos de manera sistemática, en un mismo catálogo, tesis doctorales y actas de congresos académicos, que son distribuidas a través de nuestra Web.

El servicio de «libros a la carta» funciona de dos formas.

1. Tenemos un fondo de libros digitalizados que usted puede personalizar en tiradas de al menos cinco ejemplares. Estas personalizaciones pueden ser de todo tipo: añadir notas de clase para uso de un grupo de estudiantes, introducir logos corporativos para uso con fines de marketing empresarial, etc. etc.

2. Buscamos libros descatalogados de otras editoriales y los reeditamos en tiradas cortas a petición de un cliente.

www.ingramcontent.com/pod-product-compliance
Lightning Source LLC
Chambersburg PA
CBHW032041040426
42449CB00007B/970